Mark Spörrle und Lutz Schumacher

„Senk ju vor träwelling"

W0236408

HERDER spektrum

Band 6260

Das Buch

„Das ultimative Buch zur Bahn." (STERN).
Für alle Bahnfahrer, Bahnliebhaber und Bahnhasser. Für alle, die dennoch immer wieder ankommen. Beide Autoren haben sich mehr als die Hälfte ihres über 40-jährigen Lebens auf überfüllten Bahnhöfen aufgehalten, haben sich mit wirren Durchsagen, automatischen und menschlichen Fahrkartenverkäufern herumgeschlagen:
„In ihrem kurzweiligen ‚Zugbegleiter' verraten die Autoren, wie man sich mit der Bahn durchschlägt und es sogar schafft, nicht nur die Fahrt zu überstehen, sondern tatsächlich sein Reiseziel zu erreichen – oder manchmal auch ein völlig anderes." (Handelsblatt).

Die Autoren

Mark Spörrle ist Redakteur bei der ZEIT und schreibt die irrwitzigen Erlebnisse auf, die im Alltag passieren. Zuletzt bei Herder mit Kathrin Sabeth Ohl: „Normal ist das dicht. Hilfe Handwerker! Ein Überlebensführer."
Lutz Schumacher, Journalist und Medienmacher, Geschäftsführer beim „Nordkurier", Neubrandenburg.

Mark Spörrle und Lutz Schumacher

„Senk ju vor träwelling"

Wie Sie mit der Bahn fahren
und trotzdem ankommen

HERDER

FREIBURG · BASEL · WIEN

Titel der Originalausgabe: „Senk ju vor träwelling".
Wie Sie mit der Bahn fahren und trotzdem ankommen
©: Verlag Herder GmbH, Freiburg im Breisgau 2008
ISBN 978-3-451-29809-7

Umschlagkonzeption: Agentur RME Roland Eschlbeck
Umschlaggestaltung: Verlag Herder
Umschlagfoto: © Weiß Freiburg
Innengestaltung: Weiß-Freiburg GmbH – Graphik & Buchgestaltung
Abbildungen: © Montanus
Autorenfotos: privat

Herstellung: fgb · freiburger graphische betriebe
www.fgb.de

Gedruckt auf umweltfreundlichem, chlorfrei gebleichtem Papier
Printed in Germany

ISBN 978-3-451-06260-5

Inhalt

Prolog

Liebe Juristen der Deutschen Bahn,
wir gestehen: Alles, was in diesem Buch steht, ist erstunken und erlogen. Wir wissen so gut wie Sie, dass alle Züge der Deutschen Bahn stets pünktlich sind, alle Zugbegleiter immer greifbar und kompetent und sämtliche Bahnreisenden satt, sauber und zufrieden. Außerdem ist die Bahn ganz ohne Zweifel das umweltfreundlichste Schienenreiseverkehrsmittel Deutschlands, und wir wissen sehr wohl, dass man ein derart gemeinnütziges Unternehmen nicht kritisieren darf, zumal wenn die Spitze dieses Unternehmens immer noch auf einen Börsengang hofft (der das mit der Gemeinnützigkeit endgültig ändern will). Also – aber das war von uns auch nicht anders zu erwarten –: Den wahrlich haarsträubenden Inhalten dieses Buches fehlt jegliche reale Grundlage. Jeder Leser und Bahnfahrer wird schon nach den ersten Seiten voll Abscheu und Entsetzen merken, dass es sich hier um billigste und effekthascherischste »Satire« handelt, dass sämtliche Inhalte, Namen, Beispiele, Anwürfe haltlos, weil völlig frei erfunden sind.

Lieber Bahnchef, seien auch Sie ganz unbesorgt: Nach Erscheinen dieses Buches werden Sie von den Heerscharen zufriedener Bahnkunden jede Menge Solidaritätsschreiben bekommen – containerweise, waschkörbeweise, stapelweise. Zumindest aber – es gibt ja bei Ihnen noch ein paar getreue Beamte – zwei oder drei.

Hamburg/Berlin, im Dezember 2007
Die Verfasser

Warum dieses Buch so überlebenswichtig ist

Würden Sie eines schönen Morgens ganz spontan an den Amazonas reisen? Einfach in das nächste Flugzeug steigen, sich im kurzärmligen Business-Hemd und mit Slippern an den Füßen über Pistolero-West abwerfen lassen und dann mal schauen, wie's so läuft auf dem 856 Kilometer langen Marsch nach Pistolero-Ost durch von Krokodilen wimmelnde Sümpfe und malariaverseuchtes Unterholz? Nein, das würden Sie vermutlich nicht, es sei denn, Sie wären ein lebensmüder Irrer. Aber selbst wenn: Gibt es nicht angenehmere Arten zu sterben?

Seltsamerweise aber denken viele Menschen immer noch, sie könnten sich einfach in einen Zug setzen und losfahren. Von Bochum nach Stuttgart. Von Kiel nach Berlin. Oder gar von Heidelberg nach Passau.

Sie denken das glücklicherweise nicht, denn Sie haben sich dieses Buch gekauft. Oder ein wohlmeinender Mitmensch hat es Ihnen geschenkt, einer, der weiß: Ein Abenteuerurlaub im Busch ist nichts gegen eine Fahrt mit der Deutschen Bahn. Vor allem aber: Ohne gründliche Vorbereitung haben Sie nicht den Hauch einer Chance. Dabei ist Reisen mit der Bahn nicht nur tatsächlich sehr ökologisch (vor allem, weil im Winter in den liegengebliebenen Zügen die Heizung ausgeschaltet wird und im Sommer die Klimaanlage), sondern auch ungemein spannend: Bahnfahren, das ist in unserem überraschungsarmen und durchgetakteten Alltag das letzte große Abenteuer. Eine Reise ins Ungewisse, bei der man nie weiß, was als Nächstes passiert.

Ob beispielsweise der Zug nach Fulda wirklich nach Fulda fährt. Oder ob nicht während der Fahrt auf ein geheimes Signal hin sämtliche Zugbegleiter verschwinden und der Zug anschließend – laut Durchsage »aus technischen Gründen« – in Richtung Rostock umgeleitet wird, bevor es in Berlin nach mehrstündiger Wartezeit »betriebsbedingt« zurück nach München geht. Wer trotzdem immer noch nach Fulda will, der erhält einen Gutschein für einen Gratis-Kaffee im Bordbistro – oder schafft es, sich in Augsburg in den Zug in die Gegenrichtung zu werfen. Der fährt tatsächlich nach Fulda. Allerdings erst nachts, mit verschlossenen Toiletten, ohne Bordbistro und »wegen einer Störung am Triebfahrzeug« mit halber Geschwindigkeit. Aber das ist erst der Anfang …

Dieser Überlebensführer soll Ihnen auf Ihrer nächsten Reise mit der Deutschen Bahn helfen. Sie werden erfahren, was Sie in Ihrem Handgepäck mit sich führen müssen, um für Zwischenfälle aller Art gerüstet zu sein. Worauf es bei der Routenplanung wirklich ankommt. Bei wem Sie Ihre Fahrkarte keinesfalls kaufen sollten. Wie Sie sich durchschlagen, wenn Sie zur richtigen Zeit den richtigen Bahnsteig erreicht haben. Und wie Sie es am Ende sogar schaffen, nicht nur eine Fahrt zu überstehen, sondern auch Ihr Reiseziel tatsächlich zu erreichen – Ihr eigentliches Ziel oder zumindest ein anderes.

Bei der Recherche zu diesem Buch haben die Autoren unzählige Fahrten mit der Deutschen Bahn zurückgelegt. Sie haben sich auf bitterkalten Bahnhöfen Erfrierungen geholt und sind in sommers vergessenen Zügen fast gegrillt worden. Sie sind ausgehungert und unterzuckert in vom Personal aufgegebene Bordbistros eingedrungen, um mit anderen um das letzte trockene Brötchen zu kämpfen. Sie haben in stehen gebliebenen, zum Bersten vollen Zügen mit Plastiktüten den von der Decke tropfenden Schweiß ihrer Mitreisenden aufgefangen, gefiltert, löffelweise über dem schmelzenden Feuerzeug abgekocht und glücklicherweise dann doch nicht getrunken (denn in diesem Moment – an den niemand mehr glaubte – fuhr der Zug ächzend und wie durch ein Wunder wieder an).

Sollten wir trotzdem noch etwas übersehen haben: Bitte zögern Sie nicht, uns dies für die Neuauflage dieses Überlebensführers mitzuteilen. Im Anhang finden Sie eine E-Mail-Adresse, die wir in unserem Asyl im Amazonas abrufen.

TIPP
Wollen Sie mit der Bahn fahren und tatsächlich ankommen?
Dann lesen Sie dieses Buch gründlich durch und führen
Sie es bei Ihrer nächsten Zugreise griffbereit und dicht am
Körper mit sich. Sie werden sehr dankbar dafür sein.

Welcher Bahntyp sind Sie?

FRAGE 1

Sie wollen von Flensburg nach Passau reisen. Für welches
Beförderungsmittel entscheiden Sie sich?

A) Natürlich die Bahn. Da komme ich entspannt an und kann unterwegs
noch was arbeiten. Und die 37 Stunden Fahrt vergehen wie im Flug.

B) Mein Auto ist seit drei Jahren vom TÜV stillgelegt. Der
Langstreckenbus fährt leider nicht über Passau, und zu
Fuß wär's wohl zu weit. Also fahre ich wohl Zug. Obwohl:
Sagen Sie mal, fährt da nicht ein Schiff nach Passau?

C) Ich fliege von Flensburg nach Augsburg, warte dort so lange,
bis jemand in Richtung Passau fliegt, und springe dann mit dem
Fallschirm ab. Das habe ich zwar noch nie gemacht, es geht aber um
ein Vielfaches schneller als Bahnfahren und ist halb so riskant.

FRAGE 2

Sie kommen zehn Minuten vor der potenziellen Abfahrtszeit Ihres
Zuges (es ist der letzte heute) verschwitzt und abgehetzt am Bahnhof
an und haben noch keine Fahrkarte. Wie verhalten Sie sich?

A) Ich versuche, am Fahrkartenautomaten eine Karte zu erstehen,
und finde es schön, dass die Automatenguides trotz ihres
schweren Jobs dabei wenigstens über mich lachen können.

B) Die 180 Meter lange Warteschlange vor dem Reisezentrum
schreckt mich nicht. In Würzburg waren es neulich 240, in Bruchsal
sogar 277 Meter. Der Zug ist sowieso mindestens zwei Stunden
zu spät, und wenn ich ein paar Leute wegkele, habe ich eine echt
reelle Chance. Wenn nicht, bin ich selbst schuld und penne die
Nacht in der kalten Bahnhofshalle. Es wäre nicht das erste Mal.

C) Stress ist schlecht für den Teint. Ich buche eine Nacht
im Steigenberger-Hotel, schiebe das geplatzte Meeting
auf die Bahn und nehme morgen einen Leihwagen.

FRAGE 3

Der Zugzielanzeiger kündigt eine Verspätung »auf unbestimmte Zeit« an. Wie reagieren Sie?

A) Ich rufe die Bahnhotline an und lasse mir alternative Verbindungen heraussuchen. Anschließend wende ich mich an den zuständigen Berater am DB Service Point und diskutiere gemeinsam mit Betroffenen über alternative Beförderungsmöglichkeiten unter Einschluss von U-Bahnen, Bussen, Sprint, Schienenersatzverkehr und einer Kurzstrecke mit dem Nachtzug »Saturn«.

B) Ich verstehe die Frage nicht. Das ist doch jeden Tag so. Irgendwann kommt schon ein Zug.

C) Ich verstehe die Frage nicht. In meinem Leihwagen gibt es zwar Tempomat und jede Menge anderen Schnickschnack, aber keinen Zugzielanzeiger.

FRAGE 4

Bahnfahren bedeutet für mich:

A) Die totale Erfüllung. Abenteuer. Einen Mikrokosmos aus Kommen und Gehen, Geburt und Wiedergeburt. Der Weg ist das Ziel. Carpe Bahnem!

B) Tagesinhalt. Leider. Der Rest geht mit Schlafen und Zum-Bahnhof-Rennen drauf.

C) Eine sehr schöne Sache. Ich schaue immer im Fernsehen die Bahnwerbung an und denke: So viel Zeit möchte ich irgendwann auch mal haben.

FRAGE 5

Nachdem Ihr Zug die letzte Stunde rund zehn Kilometer zurückgelegt hat, hält er nun auf offener Strecke. Eine Stunde später räumt der Zugchef eine »Signalstörung« ein. Möglicherweise könnten am nächsten Knotenpunkt nicht alle Anschluss-Verbindungen erreicht werden. Was ist Ihr nächster Schritt?

A) Ich gehe ins BordBistro, bestelle eine Litchi-Bionade (bzw., weil ausverkauft, ein Leitungswasser) und lasse mir später vom freundlichen Zugbegleiter alle theoretisch erreichbaren Alternativen aufzeigen. Die Tatsache, dass die Zahl dieser Verbindungen null ist, ignoriere ich lächelnd. Was kann der arme Mann dafür!

B) Ich gehe geistig meine Checkliste durch: Isomatte habe ich, Platz vorm Klo ist reserviert, mein Getränkevorrat reicht für eine Woche, zu Hause vermisst mich niemand, meine sozialen Beziehungen sind glücklicherweise, seit ich Bahn fahre, ohnehin nur noch oberflächlich. Nun, ich bin gerüstet.

C) Ich löse die Türverriegelung und gehe zu Fuß bis zur nächsten Mietwagenfirma. Morgen verklage ich die Bahn wegen Geschäftsschädigung und Freiheitsberaubung.

FRAGE 6

An Bahnhöfen fühle ich mich immer …

A) … total aufgeregt. Der Duft der weiten Welt. Züge fahren von hier nach da. Mobilität, Menschen aus allen Ländern. Ich könnte schreien vor Glück.

B) … daheim. Ich lebe hier.

C) … sehr wohl. Denn wo es Bahnhöfe gibt, gibt es auch Autovermietungen.

AUSWERTUNG

ÜBERWIEGEND *A.):* DER BAHN-IDEALIST

Sie lassen sich doch nicht die gute Laune und den Optimismus von Kleinigkeiten wie Personen im Gleis oder Böschungsbränden nehmen. Sie sind der ideale Bahnkunde, der auch bereit ist, eine Woche Urlaub zu nehmen, um von München nach Augsburg zu reisen und doch in Kiel zu stranden. Bravo – schließlich ist Ankommen nicht alles!

ÜBERWIEGEND *B.):* DER BAHN-REALIST

Leider sind Sie auf die Bahn angewiesen. Damit haben Sie die Lebensqualitätscard50 gebucht. Halber Spaß, doppelte Zeit: Glücklicherweise haben Sie schnell jede Hoffnung aufgegeben. Damit können Ihnen Signalstörungen oder Koppelungsprobleme doch nur noch ein Schulterzucken abnötigen. Und immerhin: So schaffen Sie Ihre Bücher.

ÜBERWIEGEND *C.):* DER BAHN-SKEPTIKER

Schade, dass die Lufthansa nicht von München nach Augsburg fliegt. Denn eins ist Ihnen klar: Bevor Sie freiwillig in einen Zug steigen, müsste einiges passieren: 80 Prozent aller Züge wären höchstens eine Stunde verspätet, die Wagen würden einmal im Monat gereinigt und das BordRestaurant hätte zumindest Rudimente der Speisekarte vorrätig. Leider erleben Sie das auf Ihren seltenen Fahrten immer anders. Kein Wunder, dass es nichts wird mit dem Kyoto-Protokoll.

Wohin Sie niemals mit der Bahn fahren sollten

Mit der Bahn zu fahren, das hört sich ganz einfach an, solange man nur von Hamburg nach Berlin oder von München nach Nürnberg will.

Aber was, wenn Sie von Hamburg oder Berlin nach Freiburg oder Heilbronn wollen? Ganz zu schweigen von Regensburg, Aachen, Weimar oder – Prerow an der Ostsee? Sicher, in solchen Fällen werden Sie immer Leute treffen, die Ihrem Blick ausweichen und tapfer behaupten: »Alles ganz easy: Abfahrt München 6.35 Uhr, Ankunft Hamburg 11.55 Uhr, Abfahrt Hamburg 12.02 Uhr, Ankunft Rostock 13.49 Uhr, Abfahrt Rostock 13.51 Uhr, Ankunft Ribnitz-Damgarten West 14.35 Uhr, Abfahrt Bus nach Ostseebad Prerow 14.41 Uhr, keine Sorge, Sie schaffen das. Sie sind doch jung und kräftig und können Ihr Gepäck notfalls zurücklassen?«

Um es klar zu sagen: Wenn Sie sich auf so etwas einlassen, sind Sie so gut wie verloren. 634 Menschen verschwinden jedes Jahr in Deutschland. Subtrahiert man davon die angeblichen Zigarettenholer, bleiben noch 423 auf der Strecke (die Dunkelziffer ist weit höher, weil Verwandte oft die Rente oder das Gehalt der Verschwundenen einstreichen, solange es geht, dann versuchen, die Bahn zu erpressen, und sich nach langen Verhandlungen mit einem Gutschein fürs Bistro abfinden lassen).

Es sind Menschen wie Günter Ärmel, pensionierter Verwaltungsangestellter aus Offenburg, der nach Düsseldorf zum Kleiderkaufen wollte, beim Umsteigen versehentlich in den Zug nach Bruchsal geriet und sich drei weitere Umstiege und 24 Stunden später auf dem Bahnhof in Andernach wiederfand. Er hatte Glück im Unglück: Nach drei Tagen erkannte ihn eine zufällig vorbeikommende entfernte Cousine, als er schluchzend auf einen Wagenstandsanzeiger einschlug; schon acht Tage später war Ärmel wieder zu Hause.

Oder Irene Westerhagen, passionierte Hausfrau aus Jena, die zum Kaffeeklatsch nach Magdeburg aufbrach, wo sie nach dem Umsteigen in Leipzig und dem Kauf eines Blumenstraußes im Bahnhofsuntergeschoss niemals ankam. Ihre Familie ortete schließlich ihr Handy auf dem Bahnhof von Westerland/Sylt. Sie schlug sich vor der Reiseauskunft als Wahrsagerin durch und weigerte sich trotzdem hysterisch, einen Zug zu besteigen.

Oder auch Peter Mempelmann-Federsen aus Gütersloh, der am 23. November um 11.05 Uhr zum verschobenen 30-jährigen Abiturtreffen nach Garmisch-Partenkirchen wollte. Als langjähriger Bahnfahrer kannte er die Tücken einer Zugfahrt, und er wusste, wie wichtig es ist, gut vorbereitet zu sein. Ein halbes Jahr vorher begann er zu recherchieren. Prägte sich Route, Fahrzeiten, Zugnummern, die Grundrisse der Züge (IC, ICE, Regionalbahn) und der Umsteigebahnhöfe Hannover und München-Pasing genauestens ein. Ermittelte in unzähligen Gesprächen mit Hotline und Fahrkartenschalter die idealen Sitzplätze. Spielte, die johlenden Nachbarn tapfer ignorierend, mithilfe einer Stoppuhr im Garten wieder und wieder sämtliche Abläufe beim Umsteigen durch. Trainierte, als die Nachbarn schließlich begannen, Zaunplätze an gut zahlende Fremde zu vermieten, in der Küche an einem selbstgebauten Zugtüren-Modell weiter: jeden Handgriff, jeden Fußschritt, das Öffnen der Tür, das Absetzen und Wiederaufnehmen der (ohne Wurstbrot) exakt 4,78 Kilo wiegenden Tasche. Mempelmann-Federsen bereitete sich so gut vor, dass er gar nicht mitbekam, dass ihn seine Frau unplanmäßig verließ.

Doch am 23. November fuhr auf Gleis 3 des Gütersloher Bahnhofs der Zug nach Hannover Hauptbahnhof zehn Minuten verspätet ein und machte alles zunichte: alle auswendig gelernten Zeiten, Abläufe, Übergänge und Handgriffe samt sämtlicher Kaffee- und Mittagspausen, vor allem aber den Umstieg in Hannover; den Umstieg in München-Pasing sowieso.

Weswegen Mempelmann-Federsen sich spontan dazu durchrang, lieber ein Jahr später zum Abitreffen zu fahren, weil dann alles (mit Ausnahme der Jahreszahl) wieder haargenau stimmen würde. Bis dahin wartete er, seine geschiedene Frau hatte das Haus ohnehin verkauft, auf dem Gütersloher Bahnhof. Jedenfalls wartete er so lange, bis ihn der Rettungsdienst trotz heftiger Gegenwehr (denn er hatte dafür ja weder Ticket noch Reservierung) in die psychiatrische Abteilung des Kreiskrankenhauses überführte.

Möchten Sie kein derartiges Schicksal erleiden, sollten Sie sich einen der wichtigsten Tipps dieses Führers gründlich einprägen:

TIPP
Meiden Sie möglichst jede Zugverbindung mit Umsteigen! Meiden Sie erst recht jede Zugverbindung, bei der Sie mehrmals umsteigen müssten – Sie wollen doch irgendwann ankommen, oder?

Wer umsteigen muss, ist rettungslos verloren

Denn das einzig gültige Auswahlkriterium aller erfahrenen Bahnfahrer ist die durchgehende Verbindung. Sie allein garantiert, dass man das Ziel noch am gleichen Tag erreicht. Sofern es weder schneit noch stürmt oder zu heiß ist. Sofern weder Bundesligaspiele noch Ferien anstehen und es sich um einen einfachen Werktag handelt, der kein Brückentag ist, auch nicht in Sachsen-Anhalt. Und natürlich sofern der Fahrplan nicht vor wenigen Wochen umgestellt wurde oder in wenigen Wochen umgestellt wird. »Wenig« ist allerdings bei der Bahn ein bis zu einem halben Jahr dehnbarer Begriff (weswegen Fahrplanumstellungen halbjährlich stattfinden).

Ansonsten aber, sofern Sie nichts dagegen haben, morgens gegen 6.00 Uhr zu starten, und der Zielbahnhof nicht weiter als 500 Kilometer entfernt ist, sind Sie mit einer durchgehenden Verbindung auf der sicheren Seite.

Dabei ist es ganz egal, um welche Art von Zug es sich handelt: Auch mit der ältesten Regionalbahn kann man die Strecke Saarbrücken–Altenburg auf direktem Weg – rein rechnerisch – immer schneller (und billiger) zurücklegen als unter Zuhilfenahme zweier oder noch mehr nagelneuer ICEs, in die man jeweils umsteigen muss, was jeweils nur mit viel Glück klappt. Und selbst dann ist die Gefahr groß, dass man vor Aufregung den falschen Zug erwischt, nämlich einen ohne Lok, der vor Wochen nur schnell zum Reinigen auf dem gegenüberliegenden Gleis abgestellt und dort vergessen wurde.

Spätestens beim zweiten Umsteigen sollten Sie ohnehin einen weiteren Reisetag einplanen. Ab viermaligem Umsteigen ist es faktisch, ab fünfmaligem Umsteigen (wie von Saarbrücken nach Altenburg notwendig) prinzipiell ausgeschlossen, dass Sie den Zielbahnhof jemals erreichen – unter anderem weil Sie den für die Reise notwendigen Proviant allein nicht mehr transportieren könnten.

Gibt es dagegen wirklich keine direkte Verbindung, sollten Sie alle Ideologien über Bord werfen und ernsthaft überlegen, ein anderes Verkehrsmittel zu nehmen. Selbst ein Fußmarsch von zwanzig Kilometern mit schwerem Gepäck ist für Psyche und Körper immer noch erholsamer als die Aussicht, eine ungewisse Zahl von Tagen mit knurrendem Magen in nach nassem Rucksack riechenden Abteilen herumlungern zu müssen.

Partnertausch ist manchmal besser

Wer auf die Bahn angewiesen und/oder Bahnfahrer aus (verzweifelter) Leidenschaft ist, sucht auf Dauer ohnehin berufliche Kontakte, Freunde und Verwandte am besten danach aus, ob diese ohne Umsteigen zu erreichen sind. Falls das noch nicht so ist, sollten Sie überlegen: Ist Ihre Großtante/ der Geschäftskontakt/Ihr problematischer Sohn wirklich so wichtig? Könnten Sie nicht auch von jemand anderem, jemandem, zu dem Sie einfach durchfahren können, etwas erben, vielleicht sogar viel mehr? Mit jemandem, der verkehrsgünstiger arbeitet, nicht viel bessere Geschäfte machen? Einen deutlich besser erreichbaren und wesentlich dankbareren jungen Mann an Sohnes statt annehmen?

Wenn Sie zu allem Elend Wochenendheimfahrer sind, sind Sie es möglicherweise sowieso leid, sich zweimal pro Woche in (zufälligerweise immer dann) überfüllten Zügen auf eine Odyssee mit mehrfachem Umsteigen begeben zu müssen, die Tage dauern kann (wodurch Sie mehr Zeit in der Bahn verbringen als im Job und zu Hause zusammen).

Aber vielleicht gibt es ja schon ein, zwei umstiegslose Stationen weiter einen anderen Partner? Eine andere Familie? Eine, die viel netter ist als Ihre alte oder die zumindest in einem viel schöneren Haus lebt?

TIPP
Sehen Sie sich im Bedarfsfall bei unvermeidlichen Wartezeiten auf günstig gelegenen Bahnhöfen doch ganz unverbindlich nach netten Menschen um – vorerst ohne Ihrem bisherigen Partner/Ihrer bisherigen Familie etwas davon zu erzählen.

Wollen Sie nicht so weit gehen, sollten Sie an Ihre kostbare Freizeit denken: Müssen Sie, wenn Sie im Ruhrgebiet leben, unbedingt in einem Kaff an der Ostsee Urlaub machen und für die Anfahrt jeweils mehrere Tage einplanen, wo doch eine Stadt wie Bochum auch ihren ganz besonderen Reiz hat – den nämlich, ohne Umsteigen erreichbar zu sein?

Nach dem Börsengang der Bahn werden die meisten Zugfahrer ohnehin keine andere Wahl haben; dank der gewinnorientierten Investoren werden bald nur die lukrativsten Direktverbindungen, die überfülltesten Regionalzüge übrig bleiben. (Hinter den Kulissen laufen bereits Gespräche mit erfahrenen »Pressure Teams« aus Tokio, die es bei relativ geringen Verlusten schaffen, während der Hauptverkehrszeit 299 statt 83 Pendler in einen U-Bahn-Wagen zu pressen.[1])

---

1   Die Bahnführung möchte dieses Verhältnis nach dem Börsengang mindestens 1:1 auf sämtliche Züge übertragen und führt bereits vor hohen Feiertagen auf ausgewählten Strecken geheime Pilotpressprojekte zur »Kundenverdichtung« durch. Logistikexperten weisen allerdings warnend darauf hin, dass der durchschnittliche Westeuropäer wesentlich größer und beleibter ist als der durchschnittliche Japaner, weswegen man die Tokioter

Die Grundversorgung hoffnungslos abgelegener Zielbahnhöfe wie Freiburg, Hildesheim oder Weimar sollen dann, so stellt es sich die Bahnspitze vor, aus Steuermitteln oder von Bußgeldern der Bahngewerkschaften bezahlte Auto-Stau-Taxis oder Buschpiloten aus dem Amazonas übernehmen.

TIPP

Ist Ihr Zielort so abgelegen, dass keine Alternative zu mehrmaligem Umsteigen existiert, fahren Sie nicht. Wozu gibt es Telefone und Videokonferenzen? Will man Sie trotzdem zwingen zu fahren, tun Sie nur so, als säßen Sie im Zug. Rufen Sie dann denjenigen, der Sie treffen wollte, stündlich mit dem Handy an, um immer verzweifeltere Katastrophenmeldungen durchzugeben. (Lesen Sie zur Inspiration dieses Buch.) Ab dem vierten Anruf – vorgeblich von einer namenlosen Regionalbahnstation irgendwo bei Hameln, an der man Sie ohne Erklärung und ohne Wasser ausgesetzt hat – wird niemand mehr mit Ihrem Auftauchen rechnen.

Formel nicht einfach übernehmen könne. Bahnmanager halten dies jedoch für irrelevant. Deutsche Züge böten wesentlich mehr »Ausweichreserven«: Allein auf den Gepäckablagen sei noch jede Menge bislang durch Gepäck (weil nicht-zahlend) nur unzureichend genutzter Platz.

MACHEN SIE JETZT BLOSS KEINEN FEHLER:
Wie Sie (vielleicht) an Ihre Fahrkarte kommen

Wie aber finden Sie heraus, ob Sie den Ort Ihrer Wahl ohne Umsteigen erreichen können? Und wie bekommen Sie eine Fahrkarte dorthin? Ob Sie es glauben oder nicht: Früher – damals nannte man die Zugbegleiter noch Schaffner[2] – konnte man angeblich in seinem Wohnort zum Bahnhof gehen (es gab fast überall einen) und dort an einem Schalter nach der Verbindung fragen. Man bekam von einem uniformierten Bahnbeamten eine verbindliche Auskunft nebst kartonierter Fahrkarte und hielt sich daran, denn auch der Zug war pünktlich(!).

Wir geben zu: Damals fuhr man allerdings seltener irgendwohin, auch mit der Bahn. Weswegen es mehr Bahnbeamte, Bahnhöfe und pünktliche Züge gab.

Heute fährt man deutlich häufiger weg, auch mit der Bahn. Weswegen es folgerichtig viel weniger Beamte gibt. Zum Ausgleich aber jede Menge Probleme: An vielen Wohnorten (oder beliebigen anderen Orten) existiert gar keine Bahn. Oder kein Bahnhof. Oder nur ein »Haltepunkt«, an dem sich zu regelmäßigen Zeiten Menschen mit resignierten Gesichtern versammeln und an dem zu unregelmäßigen Zeiten Züge einfahren.

---

2   Postetymologisch ist ein »Schaffner« jemand, der etwas schafft, also leistet, zustandebringt. Vergleichen Sie damit die heutige Berufsbezeichnung, die sich lediglich auf untätiges »Begleiten« beschränkt.

Oder es existiert zwar ein Bahnhof, der wird aber mittlerweile bewohnt, und die neuen Eigentümer, ein Grundschullehrerpaar mit drei Kindern, mögen es gar nicht, wenn jemand erst durch ihr Rosenbeet trampelt und dann ans zugige Küchenfenster klopft und ein Ticket zweiter Klasse nach Ennepetal verlangt. Es kann auch sein, dass der Bahnhof längst als Getränkeabholmarkt und/oder Bordell genutzt wird, weswegen die Frage nach einer schnellen Verbindung nach Hodenhagen, aber ohne Umsteigen ganz unverhofft Befremden hervorruft.

Der Schalter und die große Angst vor Jessica Schipp

Doch es geht auch anders. Haben Sie das seltene Glück, in der Nähe eines modernen Hauptbahnhofs wohnen zu dürfen, finden Sie dort alles, was Sie benötigen – Fastfoodstände, Boutiquen, Juweliere, Senioren mit viel Tagesfreizeit und sogar intakte Schalter. Allerdings: Die Schalterhalle heißt heutzutage DB-Reisezentrum. Und dieses hat Öffnungszeiten, die sich minütlich ändern können.

Beginnen Sie also mehrere Wochen vor Antritt Ihrer Reise, spontan und zu unterschiedlichsten Tages- und Nachtzeiten den Hauptbahnhof Ihrer Wahl zu besuchen. (Idealerweise beginnen Sie schon damit, wenn Sie noch gar kein Reiseziel haben.) Haben Sie irgendwann Glück, Sie und 62 andere auf Verdacht Wartende, und die gläsernen Türen sind eines Tages zufälligerweise geöffnet (bevor Sie Hals über Kopf hineinstürzen, prüfen Sie sicherheitshalber, ob sie nicht nur eine Putztruppe gereinigt hat), benötigen Sie nur noch Geduld. Versuchen Sie, sich mit Musik oder mithilfe einer Lektüre (etwa dieses Buches) zu entspannen.

Trinken Sie das mitgebrachte Wasser in kleinen Schlucken, damit Sie lange davon haben. Ein unauffällig unter einem weiten Mantel drapierter Urinbeutel wird Ihr Durchhaltevermögen erheblich verlängern.

Und das Wichtigste: Machen Sie sich nicht unnötig Gedanken, warum ausgerechnet Sie, der Sie dies am allerwenigsten verdient haben, in der Schlange so quälend langsam vorrücken. Versetzen Sie lieber dem vor Ihnen Stehenden so lange unauffällige Schläge auf den Hinterkopf, bis er frustriert aufgibt, und vertreiben Sie weitere Anstehende durch das Vortäuschen von lautstarken Blähungen und/oder Alkoholkonsum. Sehr effektiv ist auch ein Baby. Haben Sie gerade keins dabei, besorgen Sie sich eine batteriebetriebene Schrei-Attrappe aus dem Versandhandel (in diversen Stimmlagen mit und ohne Kinderwagen erhältlich). Lassen Sie sich vor allem immer wieder für ein paar Stunden von dem Freund, Verwandten oder bezahlten Helfer ablösen, der Ihnen zu essen bringt, und versuchen Sie in dieser Zeit an eine Wand gelehnt zu schlafen oder massieren Sie Ihre Beinmuskeln, damit Sie bis zum Ende durchhalten.

Bis dahin wird es auf jeden Fall noch etwas dauern. Denn, und daran werden Sie nichts ändern können, von 17 Schaltern sind im Schnitt zwei besetzt (immerhin, nach den nächsten Sparmaßnahmen wird es höchstens noch einer sein), wobei an mindestens einem immer Jessica Schipp arbeitet.

Jessica Schipp ist Auszubildende der Deutschen Bahn; aber sie wäre im Grunde ihres Herzens lieber Stylistin geworden oder hätte gerne »irgendwas mit Menschen« gemacht; den Umgang mit Kunden der Deutschen Bahn zählt sie nicht dazu. Sie versteht auch nicht, dass Sie unbedingt eine »durchgehende Verbindung« nach Gütersloh wollen. Ehrlich gesagt (aber das verrät sie nicht, das wäre uncool) weiß sie gar nicht, was eine »durchgehende Verbindung« ist, denn sie fährt – wie ihre Chefs auch – immer mit dem Auto, zumindest bis sie auf den nächsten Stau trifft. Deshalb kann sich Jessica Schipp sehr gut vorstellen, dass eine »durchgehende Verbindung« irgendetwas Unanständiges ist, so ähnlich wie »Einlauf« oder »strammer Max«.

Vergessen Sie trotzdem nicht, dass Sie von Jessica Schipp abhängig sind.

Wenn Sie also irgendwann an der Reihe sind, erklären Sie Jessica Schipp so freundlich, wie Sie es noch können, was Sie genau wollen. Jessica Schipp wird dann sicherlich so freundlich sein, im Computer nachzusehen, und unter Umständen gibt es tatsächlich keine durchgehende Verbindung, weil diese entweder niemals existierte oder längst gestrichen wurde. Oder weil Jessica Schipp auf der Abfragemaske im Computer ein falsches Häkchen gesetzt hat. Bleiben Sie in diesem Fall möglichst ruhig, widerstehen Sie der Versuchung, ihr die Tastatur aus der Hand zu nehmen, und bitten Sie sie, es noch einmal zu versuchen (vor allem, wenn es sich um durchgehende Verbindungen handelt, die Sie schon gefahren sind). Dabei sollten Sie versuchen, sie mit freundlichen Worten, Witzen über dämliche Bahnreisende oder der Herausgabe Ihrer letzten Gummibärchen bei Laune zu halten. Unter Umständen fällt ihr bereits beim vierten oder fünften Versuch auf, dass das doofe Häkchen bei »direkte Verbindungen vermeiden« doch nicht so zweckdienlich ist.

Vielleicht findet Jessica Schipp aber auch auf Anhieb Ihre Traumverbindung – ein Glückstreffer! Lassen Sie nun trotz aller Euphorie ja keine Pause aufkommen. Jessica Schipp könnte sich sonst dem nächsten Kunden zuwenden (dem mit den Schlägen auf den Hinterkopf, der sich mittlerweile fast wieder bis hinter Sie vorgearbeitet hat und ziemlich sauer auf Sie ist). Oder schlimmer, sie könnte eine Taste am Computer drücken.

Machen Sie also gleich mit der Buchung weiter. Vorausgesetzt, Sie wissen, welche Klasse Sie bevorzugen (falls nicht, hatten Sie während des Wartens genügend Zeit, unsere Entscheidungshilfe auf Seite 83 ff. zu lesen), müssen Sie nun noch wählen zwischen Abteil und Großraum, Tisch oder keinem Tisch, Fahrtrichtung oder nicht. Ja Sie können sogar einen ganz bestimmten Platz, etwa Sitz 46 in Wagen 27, buchen – und haben Jessica Schipp mit diesem Wissen sehr viel voraus.

Die wird nämlich nur ungläubig den Mund verziehen. Lassen Sie sich nicht auf unnötige Diskussionen mit ihr ein (»In der obersten Schublade vor Ihnen liegen die Sitzpläne sämtlicher buchbarer Züge, daneben die bahninterne Anweisung 123/4, wie Einzelsitze zu buchen sind – es kann doch nicht sein, dass Sie das nicht wissen!!!«). Denn in Wirklichkeit haben Sie nur theoretisch die Wahl: Egal, was Jessica Schipp eingeben würde, wenn sie wüsste, was einzugeben ist – das bahninterne Buchungssystem wird Ihnen unerbittlich einen Mittelplatz ohne Tisch im vollstmöglichen und ältesten Abteil zuweisen.

Aber wiederum keine Sorge, nicht einmal so weit wird es meist kommen. Denn dadurch, dass Jessica Schipp auf der Rückfahrt von ihrem Freund – ebenfalls Azubi bei der Deutschen Bahn – mit ihrem kleinen, alten Opel ständig im Stau steht, traf sie in den letzten anderthalb Jahren immer erst dann in der Berufsschule ein, wenn das Fach »Angewandte EDV für weibliche Azubis« gerade zu Ende war. So verwendet sie am Computer bis heute das Einfinger-Such-system, und das etwas zögerlich. Sie vertippt sich auch, aber erst nach dem viertelstündigen Buchungsgespräch, und zwar bevorzugt bei der Eingabe der Platzreservierung oder beim Befehl für den Ausdruck der Zugverbindung nebst Fahrkar-te. Dann gibt der Computer einen hässlichen Ton von sich, oder auch gar keinen Ton. Und Jessica Schipp kommt aus dem überlasteten komplizierten Buchungssystem[3] »nicht mehr raus«. Egal, welche von den beiden Tasten sie auch drückt.

Warum Heidemarie Wessenhagen jetzt auch nicht hilft

Erst nach etwa zehn Minuten sind ihre Bemühungen ein plötzliches Signal für Heidemarie Wessenhagen. Heidemarie Wessenhagen ist eine erfahrene Bahnmitarbeiterin und sitzt am zweiten Schalter, dem, an dem es bisher mit drei- bis vier-facher Geschwindigkeit voranging.

---

3   Dieses mittlerweile hoffnungslos veraltete und innovationsresistente Bu-chungssystem (»Travelmanager Comfort 1.1 für DOS und Atari«) wurde vor Jahren für viel zu teures Geld – das durch Fahrpreisaufschläge hereingeholt werden musste – angeschafft, weil aus Fahrpreisaufschlägen hochbezahlte EDV-Berater dem verantwortlichen Bereichsleiter Bernd Dotterhauer ver-sprochen hatten, der Computer werde im Nu sämtliche Angestellte entbehr-lich machen, auch Jessica Schipp. Allerdings hatte man nicht mit der Reni-tenz (siehe spätere Fußnote) eines Großteils der bahnfahrenden Bevölkerung gerechnet, die nicht daran dachten, das gemeinsame Warten und Schimpfen in Reisezentren aufzugeben bzw. altershalber rechtzeitig vor dem Börsen-gang auszusterben und den Weg frei für junge, pflegeleichte, onlineaffine Selbstbucher zu machen. Aus Protest gründeten sich sogar in einem Geträn-kemarkt in Berlin und einer als Wärmestube genutzten ehemaligen Imbiss-bude in Jena Paradies autonome Reisezentren, in denen zwar keine Fahrkar-ten verkauft wurden, was die solidarisch Wartenden jedoch überhaupt nicht störte, da sie dieses Phänomen längst von Bahn-Reisezentren kannten.

28

Nun allerdings lässt Heidemarie Wessenhagen unmittelbar vor dem Fahrkartenausdruck ihren schon fast fertig bedienten Kunden stehen und stellt sich hinter Jessica Schipp. Dann zieht sie die Stirn in Falten und sagt: »Gib mal Sternchen, Raute und dann die 4 ein.« Darauf zieht Jessica Schipp die Stirn kraus und sagt: »Jetzt geht gar nichts mehr.« Das ist ernst zu nehmen. Von nun an stehen Jessica und Heidemarie mit verkniffenen Gesichtern hinter Jessicas Schirm, und im ganzen DB-Reisezentrum passiert nichts mehr, von Amok laufenden oder in Ohnmacht fallenden Anstehenden einmal abgesehen.

Was auch daran liegt, dass der nächste bahneigene EDV-Techniker in einer anderen Stadt sitzt und man ihn nicht anrufen kann. Das heißt, Heidemarie Wessenhagen und Jessica Schipp könnten ihn natürlich anrufen. Und er könnte auch, wenn er einen guten Tag hat, online auf das System zugreifen (sofern das System einen guten Tag hat und ihn lässt) und den Bug beheben. Heidemarie Wessenhagen und Jessica Schipp würden ihn aber nicht im Traum um Hilfe bitten: Der EDV-Techniker kommt aus dem strukturschwachen Franken, und allein sein rollendes R ist für Heidemarie Wessenhagen deutlicher Ausweis einer arroganten, präpotenten Jungmachoattitüde. Jessica Schipp hingegen weiß sehr genau, dass der Techniker kein Jungmacho ist, sondern, wie sie anlässlich einer ihr sehr peinlichen Kurzaffäre herausfand, ein furchtbarer Langweiler, der im Kofferraum seines Dienstkombis getragene, übel riechende Synthetikhemden hortet.

Bernd Dotterhauer dachte nicht daran, sich dem Druck der Kunden zu beugen, und kündigte an, sämtliche Angestellte ungeachtet wiederholter schwerer Systemabstürze trotzdem zu entlassen. Glücklicherweise wurde er kurz vorher turnusmäßig befördert. Heute arbeitet er als hochbezahlter Chefberater bei einer Firma, die wiederum die Deutsche Bahn berät.

Die beiden Schalterfrauen sind also fest entschlossen, lieber die Verzweiflung ihrer Kunden zu ertragen (mithilfe von Beamten der Bundespolizei, die einen Kordon vor den Schaltern bilden). Durchaus mit einer gewissen Berechtigung: Kommt es angesichts der von den hier Versammelten bereits angehäuften Wartezeit wirklich noch auf läppische anderthalb Stunden an? Dann nämlich – in der mittlerweile geschätzte 500 Meter langen Warteschlange kämpft trotz wiederholten Tränengaseinsatzes mittlerweile jeder gegen jeden – fällt Heidemarie Wessenhagen ein, dass es fast 17.22 Uhr ist und es gleich beim Bäcker das Brot vom Vortag zum Supersparpreis gibt. Und sie schließt das DB-Kundenzentrum.

Sie können auch das unverschämte Glück haben, am schnelleren Schalter von Heidemarie Wessenhagen zu landen – zumindest bis zum Börsengang, denn danach werden alle erfahreneren Mitarbeiter den neuen Großaktionären (die von Geburt an über Chauffeure verfügen und nie in einem Kundenzentrum anstehen mussten) viel zu teuer sein. Heidemarie Wessenhagen wäre auch deshalb die bessere Alternative, weil Sie von ihr frei heraus ein Ticket nach Hodenhagen verlangen könnten, statt herumstottern zu müssen, Sie wollten nach Offenburg, bloß weil Jessica Schipp sich von Ihnen angemacht fühlen und Sie schreiend des Schalters verweisen könnte. Doch noch bevor Sie den Mund öffnen, wird Heidemarie Wessenhagen aufstehen, um Jessica Schipp zu helfen. Oder um vor der Tür in der Sonne ihre nach 27 Jahren im Job wahrlich verdiente Pause zu nehmen. An ihrer Stelle erscheint nach kaum zehn bis fünfzehn Minuten – leicht missmutig, denn draußen scheint die Sonne, hier drinnen hingegen hat sie es mit lauter Typen zu tun, die irgendetwas von ihr wollen – Jessica Schipp.

Es kann aber auch sein, dass das Reisezentrum unvermittelt schließt.

Alle gegen den Automaten und der Automat gegen alle

Möglicherweise verspüren Sie nach drei, vier elementaren Schaltererfahrungen den brennenden Wunsch, Ihre Zugbuchung unter Umgehung von Jessica Schipp selber vorzunehmen, in einem Bruchteil der Zeit und ohne Computerabsturz. Beispielsweise an einem Automaten. Früher war der oft selbst auf gottverlassenen Bahnhöfen zu finden, angerostet, von marodierenden Jugendbanden mit Sexparolen beschmiert und von Vandalen mit Faustschlägen und Tritten verbeult. Warf man unvorsichtigerweise oder mangels Alternativen sein Geld in den Einwurfschlitz, spuckte das Gerät unter schaurigem Gekreisch die verstaubte Fahrkarte des vorigen Benutzers aus.

Heute ist alles anders. Sie können Reiseplanung, Fahrkartenkauf und Platzreservierung an den hochmodernen selbsterklärenden Automaten im oder am Kundenzentrum oder irgendwo sonst am Bahnhof tätigen. Sollten Sie dies tatsächlich in Erwägung ziehen, berücksichtigen Sie bitte unbedingt die »*Neun goldenen Regeln*« für die Benutzung des Fahrkartenautomaten:

1. Es gibt im Zweifelsfall doch keinen Automaten. Das kann viele Gründe haben. Entweder wurde Ihr »Haltepunkt« nicht mit einem Automaten ausgestattet. Oder der Automat ist defekt. Oder der Automat ist nicht auffindbar, weil er sehr gut versteckt wurde, um ihn vor Vandalismus zu schützen. Bis Sie ihn finden, womöglich auf dem Dach der Wartehalle (siehe dazu Punkt 6), ist Ihr Zug abgefahren (auch der schwer verspätete).

2. Gibt es einen Automaten, wird er von Gottfried Broiler benutzt. Gottfried Broiler ist ein rüstiger Rentner, der seine Freizeit gerne auf Bahnhöfen oder an zugigen Haltepunkten zubringt. Und Gottfried Broiler möchte seinen Kriegskameraden Emil Panschek in Gera anlässlich von dessen goldener Hochzeit besuchen. Das Ereignis findet in drei Wochen statt. Gottfried Broiler probiert aber am Automaten schon einmal die 47 verschiedenen Alternativen aus, dorthin zu gelangen. Er druckt für jede dieser Verbindungen einen eigenen Reiseplan aus und drückt dann auf »Abbruch«, bevor er erneut mühevoll die Daten eingibt, die er sich auf einem Schmierzettel zusammengestellt hat. Jeder Versuch, ihn zu unterbrechen, ist zum Scheitern verurteilt, denn Gottfried Broiler ist erstens ertaubt, und außerdem ist die Fahrt nach Gera sehr wichtig. Haben Sie also noch ein wenig Geduld: Irgendwann wird Broiler aufgeben, weil seine Blase drückt. Bis er zurückkehrt und Sie schimpfend zur Seite schiebt, weil Sie ungehöriger Flegel (bzw. Sie

unverschämtes Weib) seinen Automaten benutzen, sind Sie dran.

3. Geben Sie jetzt niemals Ihre Kredit- oder EC-Karte ein, auch wenn der Automat sehr bestimmt danach fragt. Sie wird unter Umständen für immer eingezogen oder schwer beschädigt, oder es werden Dienstleistungen abgebucht, die Sie niemals in Auftrag gegeben haben. Sollten Sie so tolldreist sein und die Karte trotz dieser Warnung einführen, wird Ihnen das auch nichts nutzen. Denn Ihr Magnetstreifen ist von nun an – und auch später im Hotel – »nicht lesbar«.[4] Barzahlung ist übrigens auch nur möglich, wenn man akzeptiert, dass der Automat nicht wechselt. Oder der Automat erklärt sich bereit, zu wechseln, aber er lügt. Oder Ihr letzter Schein wird beharrlich nicht angenommen, so verzweifelt Sie ihn auch zerknittern und glattstreichen. (Beachten Sie: Wenn Sie den Schein tobend vor Wut zerreißen, ist die Wahrscheinlichkeit, dass der Automat ihn akzeptiert, noch deutlich geringer.)

4. Seien Sie höchst vorsichtig mit »Automatenguides«. »Automatenguides« gibt es, weil die modernen, selbsterklärenden Fahrkartenautomaten bei Teilen der Bevölkerung (ca. 98,7 %) auf totales Unverständnis stoßen. Daher stehen um die Automaten hoffnungslos dreinschauende

---

4   Künstliche-Intelligenz-Forscher vermuten als Ursache eine Art »technisches Schamgefühl«, das der Automat in jahrelangem Umgang mit Benutzern am Rande des Nervenzusammenbruchs erworben hat, ein Schamgefühl, das ihn davon abhalte, bis zum – aus seiner Sicht – Letzten zu gehen und die unaussprechlichen Dienstleistungen abzubuchen – lieber zerkratze er in einem unmenschlichen Akt verzweifelten Protests den Magnetstreifen der Karte. Der Automatenmechaniker Bodo Hippenstedt dagegen glaubt schlicht, dass die Wartungsintervalle für die Automaten aus Kostengründen nicht eingehalten werden.

Menschen in roten T-Shirts herum und versuchen hartnäckig, die fragenden Blicke und winselnden Bettellaute der Automatenkunden zu ignorieren. Dieses Personal hat die Bahn offenbar teilweise in kasachischen Freizeitclubs akquiriert, der Rest stammt aus den üblichen Resozialisierungsprogrammen. Da es häufig an Deutsch- und Ortskenntnissen fehlt, sollten Sie den Auskünften der Damen und Herren (sofern Sie sie verstehen) mit einer gesunden Portion Skepsis begegnen: Amsterdam liegt nicht unbedingt in England. Und von Stuttgart nach Mannheim kann man zwar sicher auch über Passau fahren, aber vernünftiger ist, man tut es nicht.

5. Vertrauen Sie den roten Helfern, vor allem jenen, die überraschend freundlich und zuvorkommend auf Sie zutreten, kein Bargeld oder Kreditkarten an. Die dafür im Gegenzug übereigneten handgeschriebenen Fahrausweise sind selten gültig. Und die Fahrplanauskünfte (deretwegen Sie ja eigentlich gekommen sind) sind gar nicht gebührenpflichtig. Es ist auch unwahrscheinlich, dass der »Automatenguide« seine Brieftasche verloren hat und nun noch sieben Euro für die Fahrkarte nach Hause benötigt, die Sie ihm doch prima bis morgen leihen könnten. Ebenso unwahrscheinlich ist es, dass Ihnen ein echter Automatenguide schon auf dem Bahnhofsparkplatz entgegentritt und um eine Spende für die Streikkasse einer kleinen, tapferen Bahngewerkschaft bittet, deren einziges Mitglied bislang er ist.

6. Führen Sie immer einen dunklen Sonnenschutz (Witwenschleier, Tschador) mit sich, den Sie mit ein paar Klebestreifen vorn am Automaten installieren und über Ihren Kopf ziehen können wie ein Fotograf im vorletz-

ten Jahrhundert. Bei direkter Sonneneinstrahlung ist es nämlich unmöglich, auf dem Bildschirm des Automaten auch nur ein Wort zu lesen. Dies ist bahnintern längst bekannt. Da man sich bei der Subunternehmer-Firma Ottokar Knickerboff & Sohn aus Pforzheim, die für die Aufstellung und Instandhaltung der Automaten zuständig ist, aber unangemessen bezahlt fühlt, werden die Automaten, um ihre Benutzung – also unnötigen Verschleiß – zu vermeiden, üblicherweise an der jeweils hellsten Stelle im Freien, zumindest aber im Einzugsbereich von Panoramafenstern der Bahnhofshalle in Süd-Südwestausrichtung installiert.

7. Nutzen Sie den Automaten, wenn er Ihnen im Hinblick auf Ihre Reise schon nicht weiterhelfen kann, wenigstens zur sozialen Interaktion (vor allem an ohne Umsteigen erreichbaren Bahnhöfen!): Wo würden Sie sonst ein verzweifeltes, bildhübsches Düsseldorfer Model kennenlernen, das sämtliche Kreditkarten geschrottet hat und nun mangels Zahlungsmittel nicht mehr nach Hause kommt? Einen entnervten Schauspieler, der sich gerade (des Automaten wegen) von seiner Freundin getrennt hat und ganz hingerissen von Ihnen ist? Oder den weißhaarigen Manager eines mittelständischen Weidezaunherstellers aus Geislingen, dem Sie mit ein paar souveränen Tastendrücken helfen und der für seinen Betrieb dringend einen fähigen Nachfolger sucht, der sich ein bisschen mit Technik auskennt? Und mit Erna Brökmann aus Paderborn können Sie so manche unterhaltsame Stunde vor der »ollen Zauberkiste« verbringen und über Gemeinsamkeiten zwischen dem »Apparat« und Frau Brökmanns erster Wäscheschleuder diskutieren, die sie

1969 von ihrem inzwischen ja leider verstorbenen Ehemann Heinrich geschenkt bekam.

8. Sollten Sie trotz Missachtung der vorstehenden Regeln erfolgreich einen Vorgang abgeschlossen haben, wird Ihnen das nichts nützen. Das Papier des Automaten staut, Ihre Reiseauskunft wird auf die Walze gedruckt, während der Automat munter fiept und blinkt. Danach versetzt er sich in den Out-of-Order-Status und Sie zurück auf »Los«. Es war übrigens der einzige funktionierende Automat am ganzen Bahnhof. Und es gibt natürlich keinen Schalter (denn es gibt ja den Automaten), aber es ist verdammt kalt.

9. Sollte Sie spätestens jetzt die Anwandlung überkommen, den Automaten schreiend mit Faustschlägen traktieren zu wollen, denken Sie daran, vorher den Tschador vom Kopf zu nehmen, damit für die Umstehenden kein Zweifel über Ihre wahren Absichten besteht.

Warum eine Reservierung im Internet nichts nützt, aber trotzdem besser ist als nichts

Es gibt natürlich noch andere Wege, zu Verbindung, Karte und Platzreservierung zu kommen. Den Weg beispielsweise, der Bahn-Bereichsleiter Bernd Dotterhauer vorschwebte, als er das viel zu teure EDV-System einführte: Sie können alles ganz bequem von Ihrem gemütlichen Wohnzimmer aus erledigen, schick angezogen, frisiert, gegebenenfalls geschminkt und gemütlich lächelnd auf dem Fußboden liegend (das ist in Werbespots immer so). Häufige Bahnfahrer wie Bodo Lotzenlach sind dabei immer wieder ziemlich weit gekommen. Einmal saß Lotzenlach sogar mit der eigenhändig gebuchten und am Fahrkartenautomaten in einem glücklichen Moment ausgedruckten Fahrkarte zum Preis von 205 Euro im Zug nach Landau/Pfalz und war stolz auf sich. Bis er mit seinem Platznachbarn ins Gespräch kam (Anlass war eine Durchsage, die begann: »Sehr geehrte Damen und Herren, ist ein Arzt im Zug? Bitte kommen Sie nach vorne in …« und die mit einem Röcheln abbrach) und erfuhr, dass der Platznachbar ganz happy war, dass er für ganze 61 Euro 35 nach Landau/Pfalz fuhr, auch wenn die zwei Tickets ansonsten ziemlich identisch waren. Offenbar gab es nur einen Unterschied: Der Sitznachbar hatte buchen lassen: bei einer befreundeten Schalterfrau kurz vor dem Ruhestand, die zufälligerweise zwei vergessene Sonderangebote ausfindig gemacht hatte, die sich dank einer geheimen Tastenkombination miteinander kombinieren ließen.

Fast noch ausgelieferter als beim Preis ist man bei der Online-Buchung dem Diktat des Sitzreservierungssystems: Wie am Schalter bei Jessica Schipp lässt sich hier theoretisch alles buchen, aber nur »sofern verfügbar«. Was, als es in den Zügen noch Raucher- und Nichtraucherabteile gab, bedeutete, dass Sie einen Platz mit Tisch am Fenster Nichtraucher wollten, aber – tja, »nicht mehr verfügbar« – Ihnen das System einen Platz ohne Tisch am Gang Raucher zuwies. Im Zug war der Ihnen zugewiesene Raucherwagen dann stets voll mit lauter frustrierten nichtrauchenden Internetbuchern, und einen Wagen weiter gab es jede Menge freie Nichtraucherplätze mit Tisch am Fenster (wohin sich der einzige mitfahrende echte Raucher umgehend flüchtete).

Seit der Einführung der rauchfreien Züge hat sich die virulente Raucher-Nichtraucher-Frage zwar erledigt – geraucht wird nun in den Gängen und auf den Toiletten –, ansonsten aber bucht das System noch genauso.

Zugegeben: Unter solchen Umständen könnte man auf die Idee verfallen, ganz auf die unnütze Reservierung zu verzichten. Psychologen haben allerdings herausgefunden, dass Menschen, die ohne Reservierung fahren, in den Nächten vor einer Bahnreise häufiger wach werden und häufiger schreien als andere.

TIPP
Im Internet zu buchen empfiehlt sich vor allem dann, wenn man bereit ist, den höchstmöglichen Preis zu bezahlen, und nichts dagegen hat, dass man dafür eine völlig unbrauchbare Platzreservierung bekommt.

Ein Ticket im Zug? In den harten Händen von Kurt Schmöller

Es kann aber auch sein, dass Sie zu den Lesern gehören, die den Nervenkitzel lieben. Die nur auf Volksfeste gehen, weil sie so gern kopfüber Achterbahn fahren, und die nur deshalb mit der Bahn reisen, weil das so schön unberechenbar ist. Echte Abenteurer also, die sich spätestens jetzt fragen, ob man denn vorher überhaupt so viel kostbare Zeit mit frustrierenden Erlebnissen im Kundenzentrum oder im Internet verschwenden muss. Ob es nicht einfach reicht – immer vorausgesetzt, es geht um eine Strecke, die Sie oder vertrauenswürdige Dritte schon öfter zurückgelegt haben –, sich zur richtigen Zeit zum Bahnhof zu begeben, den Zug zu besteigen und dort eine Fahrkarte zu lösen. Außerdem: Bleibt einem angesichts von Bahnhöfen ohne Schalter und/oder mit defekten bis irrsinnigen Automaten nicht oft genug nichts anderes übrig?

Theoretisch haben Sie recht. Und haben Sie das Glück, zu den Menschen zu gehören, für die es finanziell nicht der Rede wert ist, wenn sich der Fahrpreis je nach Gusto um zehn Prozent oder auch um das Doppelte erhöht, ist das wirklich kein Problem – noch dazu, wenn Sie kein übertriebener Gerechtigkeitsfanatiker sind und leicht masochistische Züge haben. Überspringen Sie in dem Fall einfach die folgende Passage, steigen Sie in den nächstbesten Zug und versuchen Sie, eine Karte zu lösen. Sie werden schon sehen, was passiert.

Alle anderen treffen, wenn sie Pech haben, auf Kurt Schmöller. Kurt Schmöller ist schon länger bei der Deutschen Bahn, aber nicht lange genug, um noch zu den seligen Verbeamteten zu gehören. (Er schiebt die Schuld auf seine Eltern, die zu lange mit dem Kinderkriegen gewartet haben.) Er hat diverse sinnlose Restrukturierungsmaßnahmen im Konzern mit heftiger Neurodermitis überstanden, und er hat sich trotz allem, auch weil er durch den Job zum Single wurde, ganz gut mit der Strecke Hannover–Hamburg oder Hannover–München, den unmöglichen Arbeitszeiten sowie dank gebeugter Körperhaltung mit den blauen Diensthemden mit den zu kurzen Ärmeln arrangiert.

Bis er vor einigen Wochen in seinem Lieblingszug zwischen Hamburg und Bremen in eine Undercover-Leistungskontrolle lief (bahndeutsch: Qualitätsmonitoring). Das heißt, er lief nicht, er schlief. Im Abteilwagen in der ersten Klasse, mit zugezogenen Vorhängen und die nackten Füße auf dem Sitz gegenüber. Als die von der Konzernspitze ausgesandten Zivilkontrolleure, gut erkennbar an ihren blauen Hemden, ihn rüde aufrüttelten, hatte Kurt Schmöller zwar eine plausible Ausrede parat: Die gestrige Fahrt hatte ab Osnabrück durch eine unvorhergesehene Streckensperrung sowie einen Personen-, einen Maschinen- und einen Haftpflichtschaden so lange gedauert, dass er erst in den frühen Morgenstunden zu ein paar Stunden Schlaf gekommen war. Trotzdem entnahm er einem eindeutigen Schreiben der Personalabteilung, dass man ihn von nun an unter strenger Beobachtung habe – was seinen persönlichen Lebenstraum, noch ein paar Jahre in diesem Laden weiterzumachen, mit 58 diesen Scheißjob an den Nagel zu hängen und mit noch unbekannten Geldgebern auf Mallorca eine Strandbar zu eröffnen, aus seiner Sicht akut gefährden könnte.

Kurz: Kurt Schmöller – der früher noch im Dienst fünfe gerade sein ließ, der abends, vor allem in Regionalzügen, am liebsten gar nicht kontrollierte, erst recht nicht samstags die besoffenen Jugendlichen oder montags früh die viel zu vielen Pendler – ist nun aus purer Notwehr ein scharfer Hund, schärfer als das Pfefferspray, das er neuerdings in seiner rechten Gesäßtasche mit sich führt. Und sämtliche Begegnungen zwischen ihm und ticketlosen Fahrgästen laufen nur noch nach zweierlei Drehbuch ab:

Schmöllers Alternative 1: Der Fahrgast hat Glück

Voll besetzter Zug auf einem gottverlassenen Haltepunkt oder einem völlig chaotischen Bahnhof. Der Fahrgast schlüpft durch die sich schließende Tür, bekreuzigt sich und schiebt sich schweißgebadet durch die im Gang dicht an dicht Stehenden.

FAHRGAST (schreit lauthals): Hallo, hallo, schnell, wo
    ist der Zugbegleiter? Ich brauche eine Fahrkarte, ich
    brauche eine Fahrkarte, wo ist der Zugbegleiter? Hallo,
    hallo …

Der Fahrgast fährt mit seinem Monolog fort, während er sich seinen Weg durch alle Wagen der zweiten Klasse bahnt. Kurz vor dem Bordbistro, er ist mittlerweile ziemlich heiser, trifft er auf Kurt Schmöller, der den Fahrgast trotz seiner mittlerweile zerrissenen Kleidung und der blutigen Nase (die er einem schreiempfindlichen Mitreisenden verdankt) als solchen erkennt und ihn mit verschränkten Armen erwartet.

SCHMÖLLER (harsch): Nun?

FAHRGAST (verfällt in Demutshaltung): Lieber Herr Zugchef, der Automat am Haltepunkt »Jena Paradies« war defekt, ich konnte deswegen keine Fahrkarte kaufen, deshalb komme ich sofort zu Ihnen…

SCHMÖLLER (mit Blick auf die Uhr): Sie haben vier Minuten bis zu mir gebraucht. Ziemlich lange.

FAHRGAST: Aber lieber Herr Zugchef, ich flehe Sie an, der Zug ist ziemlich voll – wofür Sie natürlich nichts können, die Deutsche Bahn erst recht nicht, aber die verdammten Fahrgäste, dieses Pack. Außerdem, ich habe die Nummer des defekten Automaten auswendig gelernt, und ich kann ihn obendrein genau beschreiben …

SCHMÖLLER (mit einem Rest Mitgefühl, zumal er im Fahrgast seinen alten Schulfreund Franz Frischmut erkennt): Nun gut, wir machen noch einmal eine Ausnahme. Ich berechne lediglich den erhöhten Bordpreis, also zehn Prozent mehr …

Schmöllers Alternative 2: Der Fahrgast hat Pech

Voll besetzter Zug auf einem gottverlassenen Haltepunkt oder einem völlig chaotischen Bahnhof.

Der Fahrgast schlüpft durch die sich schließende Tür, will sich schweißgebadet durch die im Gang dicht an dicht Stehenden schieben, aber merkt nach zehn Minuten, dass der

Zug dafür zu voll ist. Außerdem versperren ihm zwei breitschultrige amerikanische Oktoberfestbesucher den Weg, die selber kein Ticket haben, aber Kurt Schmöller kommen sehen und vermeiden wollen, dass der Zugbegleiter bis zu ihnen vordringt.

SCHMÖLLER (abrupt, von hinten): He, Sie da, ja, der Schwitzende, wohin wollen Sie?

FAHRGAST (erleichtert): Da sind Sie. Ich brauche noch …

SCHMÖLLER: Ruhe. Die Fragen stelle ich. Und ich frage Sie: Wo ist Ihr Ticket?

FAHRGAST: Ich brauche noch eins …

SCHMÖLLER (donnernd): Sie brauchen noch eins? Warum haben Sie das nicht gleich gesagt? Und warum sind Sie stattdessen vor mir geflüchtet?

FAHRGAST: Aber ich bin nicht …

SCHMÖLLER (sich drohend aufbauend): Ich weiß genau, was Sie wollten. Sie wollten sich die Beförderung erschleichen. Das wird Sie teuer zu stehen kommen! Was halten Sie vom doppelten Beförderungsentgelt?

FAHRGAST: Aber ich …

SCHMÖLLER (mit Blick auf das Hemd des Fahrgastes, das unglücklicherweise blau ist, was unangenehme Erinnerungen in ihm weckt): Werden Sie nicht unverschämt, sonst hole ich den Zugführer. Der lässt den Zug an der nächsten Haltestelle anhalten und ruft die Bundespolizei. Klar?

FAHRGAST (nach Luft ringend): Bitte, ich wollte doch nur …

SCHMÖLLER (mit der einen Hand mit seinem Ticketcomputer hantierend, mit der anderen sein Pfefferspray zückend): Ich warne Sie: Wenn Sie noch einen Schritt auf mich zukommen, werden Sie es bitter bereuen. Ich frage noch einmal und zum letzten Mal: Sind Sie mit dem erhöhten Beförderungsentgelt einverstanden, zuzüglich 40 Euro Schwarzfahrgebühr, zuzüglich zehn Prozent Bordpreisaufschlag und zuzüglich fünfzig Prozent Aufschlag für Blauhemdenträger? Na los! Antworten Sie, oder ich …

FAHRGAST (schockiert): Ja, ja, ich bin einverstanden! Hier, nehmen Sie meinen Geldbeutel und meine Armbanduhr …

Welches der beiden Szenarien Ihnen zustoßen kann, hängt vom bloßen Zufall ab, denn auf See und vor Gericht sind Sie in Gottes, in Zügen aber in des Zugbegleiters Hand.

TIPP

Wollen Sie Ihre Fahrkarte allen Ernstes im Zug kaufen, führen Sie genug Bargeld mit, weit mehr als das Doppelte des von Ihnen geschätzten Fahrpreises. Haben Sie nicht so viel flüssig, erkundigen Sie sich, bevor Sie den Zug besteigen, bei Ihrer Rechtsschutzversicherung nach einem Anwalt und speichern Sie dessen Nummer in Ihr Handy ein. Sie benötigen zudem eine Thermomatte und einen gut isolierten Schlafsack. Denn wenn die Bundespolizei in Gronau (wo man Sie aus dem Zug gesetzt hat) mit Ihnen fertig ist, werden Sie dort kein Hotelzimmer mehr bekommen.

Mutterseelenallein mit den Freaks von der Hotline

Bleibt immer noch die Frage, wie Sie am besten an die durchgehende Verbindung samt Fahrkarte und Reservierung kommen. Früher, in der guten alten Zeit, konnte man noch zum Telefonhörer greifen und die Reiseauskunft beim nächstgelegenen Hauptbahnhof anrufen. Die war meist besetzt, schließlich verkaufte der zuständige Beamte nebenbei im Namen seiner Frau Versicherungen. Das heißt, er versuchte es, und wenn man ihn kurz vor Dienstschluss endlich erreichte, war er desillusioniert und hatte noch weniger Lust, freundlich zu sein. Aber immerhin: Er brummte eine – zumeist richtige – Auskunft in den Hörer.

Heute gibt es gleich zwei Hotlines der Deutschen Bahn.

1. Kostenloses Sprechtraining für Hysteriker

Die sogenannte Reiseauskunft ist kostenlos, was im Hinblick auf den immer noch geplanten Börsengang der Bahn jeden vernünftigen Nutzer misstrauisch machen sollte – zu Recht: Tatsächlich kann man dort, vorausgesetzt, man beherrscht eine sklavisch dem Computer angepasste, weil überaus gestelzte Art der Sprache, zwar sämtliche Verbindungen zwischen Flensburg und Mittenwald abfragen, ebenso die Rückfahrten (das klappt sogar immer wieder auch mit anderen Orten). Aber man kann weder Tickets noch Reservierungen buchen. Und fängt man an, nachzufragen, zu bitten, zu diskutieren, wünscht der Sprachcomputer höhnisch eine angenehme Reise und beendet das Gespräch (egal, wie oft man sich auch entschuldigt).

Trotz ihrer offenkundigen Nutzlosigkeit wird diese Computerhotline dennoch häufig genutzt, vor allem bei Wind oder Regen, wenn Kunden wie Gottfried Broiler den Vormittagsspaziergang zum Bahnhof scheuen und lieber bequem zu Hause am Telefontisch sitzen, als am Bahnhofsautomaten oder am Schalter sämtliche Details der bevorstehenden Reise nach Gera in 46 Varianten durchzuspielen und sich dabei zu verkühlen. (Die Angaben der Hotline wird Broiler dann bei schönerem Wetter oder in der Rushhour, wenn er nicht so alleine ist, am Automaten oder Schalter gründlichst überprüfen.)

Einen zweiten, ständig wachsenden Nutzerkreis der Hotline bezeichnen Soziologen als »hypothetisch-theoretische Bahnhysteriker« (kurz: Happy Hypos). Dies sind Leute jeden Alters mit eigenem Pkw, die nicht daran denken, mit der Bahn zu fahren – entweder, weil sie noch nie in ihrem Leben Bahn gefahren sind, oder aber, weil sie sich nach schweren persönlichen Enttäuschungen für immer von der Bahn abgewandt haben. Dennoch rufen sie vor einer geplanten Autofahrt nach Boltenhagen oder Bad Reichenhall die Bahn-Hotline an, fragen mit wohligem Gruseln die unmöglichsten Verbindungen ab und rechnen sich kichernd aus, dass diese Strecke mit dem Auto in zweieinhalb statt in zwölf (!) Stunden zu schaffen ist. Dass sie nach dem Losfahren insgesamt zehn Stunden im Stau stehen und Krach mit mindestens drei durchgeknallten anderen Autofahrern, darunter einem Selbstmörder und einem mutmaßlich bewaffneten Psychotiker, haben werden, stört die Happy Hypos nicht weiter; in ihrem Auto gibt es wenigstens niemanden, der die Fahrkarten kontrolliert. Einige von ihnen wollen nicht einmal mit dem Auto irgendwohin fahren, sondern ihnen ist langweilig, und sie machen den kalkulierten Horror an einem verregneten Sonntagnachmittag zum Gesellschaftsspiel.

Diese Nutzergruppen stellen allerdings, so die bahninterne Sprache, lediglich »Kollateraleffekte« dar. In Wahrheit dient die Hotline dazu, eine umfassende Hörbibliothek mit lauter von Kundenmund überdeutlich gesprochenen Ortsnamen zu sammeln, die die Zugführer nach dem Börsengang auswendig lernen sollen, um zum Nulltarif die Verständlichkeit der Durchsagen im Zug zu verbessern.

Aber es gibt ja noch eine andere Hotline, die richtige.

2. Die echte Hotline. Die des Grauens

Ein Anruf bei dieser anderen Hotline der Deutschen Bahn (Kosten: 0,12 €/min.) könnte Ihnen scheinbar helfen, an Ticket und Reservierung zu kommen. Doch ohne vorgreifen zu wollen: Die Möglichkeit existiert – wieder einmal – ausschließlich theoretisch, obwohl die Hotline Geld kostet, obwohl man die Aussicht hat, hier mit echten Menschen zu sprechen, und trotz der stimmungsvollen Musik (im Stil von Kraftwerk, »Trans Europe Express«) und der entzückenden Ansage, dass der nächste frei werdende Mitarbeiter sich gleich um Ihre Anliegen kümmern wird. Denn kümmert der sich wirklich, wird es schlimm.

TIPP
Denken Sie ja nicht, es wird alles gut, wenn sich
ein Mitarbeiter der Hotline persönlich meldet.
Erfahrungsgemäß ist das Gegenteil der Fall.

Agentin Andrea Derkshof heißt nicht so

Sollte dann ein »Agent« frei werden, wird es sich um Andrea Derkshof handeln. Sie hat eine nette, geschulte Stimme und lächelt beim Sprechen, sofern sie nicht müde ist und ihre Mundwinkel von zwei Wäscheklammern auseinandergehalten werden.

Aber Andrea Derkshof ist nicht ihr richtiger Name. Das werden Sie spätestens dann merken, wenn die Verbindung unterbrochen wird (was die Regel ist, siehe unten) oder Sie etwas Wichtiges vergessen haben (nämlich zu fragen, wie

Sie nun an die Fahrkarte kommen) und die Hotline erneut anrufen und sich auf das Gespräch mit Frau Derkshof beziehen. Eine Katja Riese wird Ihnen dann sagen, dass eine Frau Derkshof »hier« nicht arbeitet. Wenn Sie nach längerem Disput empört auflegen und später mit abgekauten Fingernägeln und weil Sie keine andere Wahl haben, erneut anrufen, um wenigstens Frau Riese zu sprechen, wird ein angeblicher Herr Maier, Gerd Maier, amüsiert witzeln, dass es »hier« keine Riesen gebe. Verkneifen Sie es sich bitte, an dieser Stelle zurückzuwitzeln (»Aber Zwerge: Sie sind doch einer, das höre ich genau!«): Herr Maier wird dafür kein Verständnis aufbringen; Witze verstehen gehört nicht zu seiner Ausbildung.

Und vielleicht hat er ja auch recht: »Hier«, das könnte zwar vom Tonfall her Chemnitz sein, denkbar ist aber auch, dass es sich um ein nach Dublin oder ins Amazonasbecken ausgelagertes Callcenter handelt, das ausschließlich in Baucontainern lebende, arbeitende und leidende Exilsachsen beschäftigt. Zunehmend wahrscheinlicher ist aber, dass Sie direkt mit Indien telefonieren, dessen florierendes Callcenter-Gewerbe die höchsten Wachstumsraten der Welt aufweist und mittlerweile sogar Pizzabestellungen für Manhattan abwickelt.

Aus diesem Grund hatte auch Bahn-Bereichsleiter Bernd Dotterhauer, bevor er das Unternehmen verließ, seinen aus Chemitz stammenden Schwager Rolf Döbel, einen Traktoristen und Taxifahrer im vorgezogenen Hartz-IV-Ruhestand, zum Projektleiter des (durch eine Fahrpreiserhöhung finanzierten) Geheimprojekts »IndianaBahn« berufen. Döbels Aufgabe bestand nicht nur darin, auf der Terrasse seiner baufälligen Gartenlaube zwecks Schulung indischer Callcenter-Agenten drei Kassetten mit wichtigen Vokabeln zu besprechen. Er musste auch aus den Telefonbüchern mittelgroßer Städte in Ost, West, Nord und Süd eine lange Liste »landestypischer« deutscher Namen zusammenstellen, vertrauensbildende Decknamen, unter denen sich die indischen Callcenter-Agenten deutschen Anrufern vorstellen konnten.

Allerdings versäumte es Dotterhauer, als er die Kassetten in der stressigen Vorweihnachtszeit schnell noch zur Post schaffte, den indischen Callcenter-Submanagern in die Anweisung zu schreiben, dass es wünschenswert sei, dass ein und derselbe Mitarbeiter bzw. ein und dieselbe Mitarbeiterin des Callcenters zumindest einen Tag lang unter demselben Namen firmiere.[5] So nennen die indischen Agenten bis heute wider besseres Wissen bei jedem neuen Anrufer einen neuen Namen von der Liste, weswegen man ihnen nicht ernsthaft vorwerfen kann, die wirkliche Andrea Derkshof oder die echte Katja Riese nicht zu kennen.

Man kann ihnen auch sonst nichts vorwerfen.

Etwa, dass sich Andrea Derkshof tatsächlich nicht mit dem deutschen Bahnsystem auskennt. Sie ist noch nie mit der Deutschen Bahn gefahren, was aus ihrer Perspektive kein Problem darstellt, denn sie hat auch noch nie eine Pizza in Manhattan gegessen und lässt sie trotzdem binnen zehn Minuten in allen Größen und Geschmacksrichtungen ausliefern, die Calzone sogar gegen Aufpreis mit Drogen und/oder

---

5   Nach dem Börsengang soll dieses ohnehin boomende Geschäftsfeld noch beträchtlich ausgeweitet werden. Ein innovatives Strategiepapier zweier Berater namens Dotterhauer und Döbel sieht die Schaffung einer dritten Hotline vor, bei der, nach dem Vorbild der Internet-Foren, ratlose Bahnkunden ausschließlich mit anderen ratlosen Bahnkunden telefonieren können. Die Verbindung soll von einem mithörenden Operator immer dann unterbrochen werden, wenn sich zufälligerweise dennoch eine richtige Auskunft abzeichnet.

9-Millimeter-Magazin. Nur hat Andrea Derkshof – um bei diesem Namen zu bleiben –, die mit sechs Schwestern und ihren alten Eltern in einer Einzimmerwohnung lebt und das spärliche Callcenter-Geld eisern zurücklegt, um sich erst die Nasenoperation und dann den Schauspielunterricht für eine Karriere als Diva in Bollywood leisten zu können, schon ausreichend Fahrten mit der indischen Bahn hinter sich: Es gibt in Indien erstklassige, hochmoderne Züge. Allerdings hat Andrea Derkshof diese offenbar immer knapp verpasst. Stattdessen überlebte sie die chaotischen Fahrten auf den Dächern von bis zum Gehtnichtmehr überfüllten und alters-schwachen Zügen jeweils lediglich knapp (Erfahrungen, die sie in ihrem Berufswunsch als Diva nur bestärkten; Diven haben in Bollywood eigene Chauffeure).

Deshalb kann sie kein rechtes Verständnis dafür aufbrin-gen, dass es für einen deutschen Anrufer ein Problem dar-stellt, wenn die Verbindung Münster–Berchtesgaden nicht durchgehend ist, er keinen Sitzplatz in Fahrtrichtung reser-vieren kann oder der letzte Zug des Tages um 10.34 Uhr ab-fährt (denn der nächste fährt doch schon um 4.37 Uhr).

Allerdings darf sie dieses Nichtverständnis nicht verbalisie-ren, denn sie muss höflich bleiben, und selbst wenn sie an-ders dürfte, sind entsprechende Vokabeln auf den ausgeleier-ten, vielfach kopierten Döbel-Kassetten nicht vorgesehen. So bleibt ihr nur eins: die Verbindung im geeigneten Moment – kurz vor dem Notieren der Versandadresse für die Tickets, aber nach dem Notieren der Kreditkartennummer – abzu-brechen, um dem Kunden klarzumachen, dass es kein gutes Karma mit sich bringt, am Telefon stur, rechthaberisch und undemütig auf einer bestimmten Abfahrtszeit und einem be-stimmten Sitz in Fahrtrichtung zu beharren.

Es gibt aber auch Bahninsider, die behaupten, es sei ganz anders und sämtliche Callcenter-Agenten seien vom Nachfolger eines gewissen Bernd Dotterhauer angewiesen worden, in bestimmten Abständen die Buchungsgespräche zu unterbrechen, und dies vorzugsweise gegen Ende eines ausführlichen Beratungsgespräches und kurz vor der eigentlichen Buchung, damit der Kunde wieder anrufen und weitere Hotline-Gebühren bezahlen muss. Erfahrene Callcenter-Agenten sollen die Anweisung aus plumper Machtgier dergestalt variieren, dass sie umso häufiger auflegen, je häufiger ein Kunde anruft und je verzweifelter und/oder flehentlicher er klingt. So können schnell 60, 70 Minuten à 0,12 Euro zusammenkommen.

Es fährt kein Zug mehr nach Mülheim/Ruhr. Nie mehr

Wie aber verhindern Sie es, aus der Leitung geworfen zu werden? Wie kommen Sie endlich an Ihre durchgehende Verbindung samt erstklassiger Reservierung?

Auch wenn Ihnen das noch so schwerfällt, denn am nächsten Morgen müssen Sie früh aufstehen, um früh mit der Bahn aufzubrechen, auch wenn es Ihnen noch so leid um Ihr Geld tut, das durch die Leitung rauscht – Sie kommen auch hier nur weiter, wenn Sie sich Ihren Hotline-Agenten zum Freund machen. Sie sollten dabei daran denken, dass längst noch nicht alle Callcenter-Agenten in Indien sitzen. Ein Großteil stammt tatsächlich aus der Nähe von Chemnitz oder aus dem Saarland. Leute wie Fred Vogel, der zuerst heilfroh war, dass er mit einem 20-köpfigen Team Bahnkunden in einem alten Kasernengebäude im deutschen Grenzgebiet betreuen durfte. Nach ein paar Monaten wurden er und sein noch zwölfköpfiges Team aus Kostengründen in eine ehemalige Sprengstofffabrik nach Dublin ausgelagert. Wieder ein paar Monate später verlegte man Vogel und sein auf drei Mitglieder reduziertes (und deshalb mit wechselnden verstellten Stimmen sowie der eigentlich für Indien vorgesehenen Döbel-Namensliste operierendes) Team in einen leerstehenden Bunker auf den Falkland-Inseln. Vogel und seinen Kollegen macht dort weniger das raue Wetter zu schaffen als der ständige Druck aus der Zentrale, durch immer häufigeres Auflegen immer mehr Umsatz zu machen. Im anderen Fall – diese Drohung hört Vogel immer öfter – geht auch sein Arbeitsplatz nach Indien (wobei er die Drohung nicht ganz versteht, denn auch nach längerem Nachdenken hält er Indien immer noch für einen angenehmeren Ort als einen Bunker auf den Falklands).

Wenn Sie bei Fred Vogel Ihre Fahrkarte nebst Reservierung bekommen wollen, ohne dass er zu schnell auflegt, sollten Sie sich in seine Lage versetzen. Erscheint Ihnen das als Zumutung, stellen Sie sich einfach vor, Sie wären Starpsychologe in einem amerikanischen Thriller, und am anderen Ende säße ein Schizoider, der einen dahinrasenden Zug entführt hat und damit droht, beim geringsten falschen Wort von Ihnen den Zugbegleiter zu vierteilen. (Beeindruckt Sie das nicht sonderlich, stellen Sie sich wahlweise vor, der Zugbegleiter oder der Schizoide wäre Ihr an der Bahn verzweifelter Cousin.)

Halten Sie sich dabei immer an folgende polizeipsychologische Leitlinien:

1. Bleiben Sie ruhig und freundlich, denn Ihr Abhängigkeitsverhältnis zum Hotline-Mitarbeiter ist ganz ähnlich wie das bei Jessica Schipp.
2. Seien Sie nie vorwurfsvoll. Was kann Vogel dafür, dass er in Kürze wieder auflegen muss?

3. Wiederholen Sie Ortsnamen gerne fünf- oder auch sechs-mal, als ob das das Selbstverständlichste der Welt wäre.

4. Helfen Sie Fred Vogel, wenn Sie merken, dass er nicht weiterkommt (»Falls Sie es gerade suchen: Das M ist auf der Tastatur unten rechts«), dann vergisst er vielleicht das Auflegen.

5. Loben Sie eifrig, wann immer es geht (»Ach, Sie haben das M schon gefunden – wow, Sie sind ja schneller als ich!«).

6. Sprechen Sie mit ihm/ihr kurz über Persönliches: »Wie ist es so auf den Falklands, kriegt man da abends ein ordentliches Bier?«

7. Vergessen Sie, dass dieser Anruf Sie ein Höllengeld kostet.

Trotzdem kann es passieren, dass Vogel Ihnen erzählt, es gebe keine Verbindung nach Mülheim an der Ruhr, obwohl Sie schon etliche Male persönlich dort angekommen sind. Verlangen Sie freundlich, aber bestimmt den Teamleiter. (Behaupten Sie, Sie seien ein Controller und Sie wollten Fred Vogel für sein häufiges Auflegen loben.) In der Regel wird Fred Vogel Ihnen den Teamleiter nicht ohne Weiteres geben wollen, denn der Teamleiter ist frustriert vom Los seines Teams und hat sich verbeten, behelligt zu werden. Bleiben Sie freundlich, aber hartnäckig: Fred Vogel ist verpflichtet, Sie auf dringenden Wunsch zu verbinden (natürlich außer die Verbindung bricht ab – geben Sie ihm ja keine Zeit, darüber nachzudenken!).

Hat er Sie tatsächlich verbunden, heißt das nicht, dass Sie nun wirklich mit dem Teamleiter sprechen. Manchmal ist es einfach nur der Kollege oder die Kollegin, der oder die zufälligerweise neben Fred Vogel sitzt und Langeweile hat. Oder im Umgang mit renitenten Kunden – die Definition von »renitent« ist bei der Bahn relativ weit gefasst[6] – geschult wird. Es könnte auch Fred Vogel selbst sein, der sich mit verstellter Stimme als Teamleiter meldet.

Den echten Teamleiter erkennen sie daran, dass er der Einzige ist, der wirklich Entscheidungen treffen kann – »nun gut, ich werde zur Sicherheit noch einmal nachsehen, ob wirklich kein Zug nach Mülheim/Ruhr fährt«. Manchmal löst sich dann das Problem in Wohlgefallen auf.

Höchste Vorsicht empfiehlt sich aber, wenn der Teamleiter behauptet, er müsse das »intern klären«, und anbietet, Sie zurückzurufen: Er wird es nie tun, er kann es gar nicht, denn er hat nicht nach Ihrer Telefonnummer gefragt (aber das wird Ihnen erst klar, wenn Sie sich fragen, warum er beim Auflegen so gelacht hat).

Es kann Ihnen allerdings auch passieren, dass man sich mit Ihnen einfach kurz vor Feierabend noch mal einen kleinen Spaß machen will; in Dublin oder auf den Falklands hat man ansonsten nicht allzu viel zu lachen. Der Spaß besteht darin,

---

6 Schulzke (Schalterbeamter in Bochum-Wattenscheid) definiert Renitenz bei Bahnkunden als »Versuch, innerhalb der Geschäftszeiten eine Fahrkarte zu erstehen«. Ranzmeier (Aufsichtsbeamter am Ludwigsburger Hauptbahnhof) hält dagegen bereits das Betreten der Wartezone für einen »im Ansatz fehlgeleiteten Versuch der Störung von Abläufen«, die sich mit dem pauschalierenden Gesamtbegriff der Renitenz am ehesten beschreiben lasse. Einen umfassenderen Ansatz vertritt Glaunsinger (Servicemitarbeiter auf der ICE-Strecke Köln–Berlin): »Renitenz entsteht bereits im Moment der Entstehung des Wunsches, die Bahn zu benutzen. Damit ist jeder potenzielle Bahnkunde und daher in letzter Konsequenz jedermann ein renitenter Störfaktor« (zitiert nach Preißelbeer, H. G.: Typologie des gescheiterten Versuchs. Eine umfassende Analyse fehlgeleiteten Bahnkonsumentenverhaltens, in: Bahn-Umschau, Nürnberg 2001).

dass der angebliche oder echte Teamleiter steif und fest behauptet, es fahre tatsächlich kein Zug nach Mülheim an der Ruhr, nur ein Schienenersatzverkehr über Bochum, Köln, Bonn und Koblenz, der vier Stunden mehr in Anspruch nehme, aber dafür unregelmäßig verkehre und deswegen nur gegen Aufpreis buchbar sei. Machen Sie jetzt nicht den Fehler, emotional oder gar ausfallend zu werden: Man wird mit Ihrem Gebrüll via Lautsprecher das gesamte Callcenter amüsieren. Oder Ihr Gestammel und Geschluchze aufnehmen und im Internet auf *www.doofekunden.com* veröffentlichen.

Am besten also, Sie schlagen die Callcenter-Leute mit ihren eigenen Waffen: Sobald Sie merken, dass das Gespräch in eine absolute Sackgasse läuft, legen Sie auf und rufen unter neuem Namen und mit verstellter Stimme wieder an. Irgendwann werden Sie auf einen Callcenter-Agenten treffen, der Ihre Stimme mag oder Mitleid mit Ihnen hat. Oder beides.

Gut möglich, dass Sie das Gefühl hassen, einem (oder mehreren) anderen völlig ausgeliefert zu sein. Trösten Sie sich: Dies ist ein gutes Training für Ihre spätere Situation im Zug.

TIPP

Rufen Sie bei der Hotline nur an, wenn alle anderen Möglichkeiten ausscheiden (was zugegebenermaßen schnell passieren kann). Bleiben Sie dann optimistisch – und hartnäckig: Jeder zwanzigste Hotline-Anruf ist schließlich zumindest teilweise erfolgreich.

DIE SCHLACHT AUF DEM BAHNSTEIG:

Wie Sie als Erster im Zug sind

Gratulation – Sie besitzen nun ein Ticket und eine Reservierung und sind damit weiter als vier Fünftel der Menschen, die auf einem durchschnittlichen Bahnhof herumirren. Sie haben auch Ihr Gepäck bei sich.

Vor allem aber – darauf kommt es nun unbedingt an – sollten Sie pünktlich sein. Pünktlich, das heißt: wenigstens zwei, drei Stunden vor der angeblichen Abfahrtszeit Ihres Zuges!

Moment, werden Sie nun sagen: Ist es nicht so, dass ein Zug, wie allgemein bekannt, eher zu spät kommt? Wir Ihnen also raten müssten, zwei, drei Stunden **nach** der angegebenen Zeit zu erscheinen, um nicht auf kalten Bahnsteigen und in stinkenden oder von laut telefonierenden Wichtigtuern bevölkerten Wartehallen herumlungern zu müssen?

Seien Sie pünktlicher, als Sie möchten!

Nein, so einfach ist es nicht. Natürlich treffen viele Züge zu spät ein, manche auch deutlich zu spät – aber das geschieht niemals dann, wenn Sie fest damit rechnen. (Geht man davon aus, dass Sie nicht der einzige fest mit einer Verspätung rechnende Bahnreisende sind, ist das, je länger man darüber nachdenkt, umso erstaunlicher.) Dazu kommt noch ein weiteres rätselhaftes Phänomen, das fast jeder aktive Bahnreisende bereits erlebt hat und das der Bremer Neo-Relativitätsforscher Hugo Irrgang so beschreibt:

1. Dass der Zug, in dem man sitzt, im Laufe seiner Fahrt aus unerfindlichen (bahnintern: »betriebsbedingten«) Gründen immer mehr Verspätung ansammelt und man dadurch den letzten Anschlusszug in Hannover oder Göttingen todsicher verpasst, ist eher die Regel als die Ausnahme.

2. Dass aber der Zug, auf den man auf dem (heimischen) Bahnhof wartet, verspätet einfährt, kommt nie vor, wenn Sie es erwarten, ist also subjektiv eher die Ausnahme als die Regel. Dieses »Irrgang-Paradox«[7] lässt sich nicht erklären und wirft obendrein eine Reihe weiterer Fragen auf, die wir hier noch weniger beantworten können – unter anderem die, woher die Fahrdienstleitung der Bahn immer schon im Voraus weiß, wo Sie zustei-

---

7   Irrgang selber nimmt hilfsweise eine gewisse Zeit-und-Raumgleichzeitigkeit zumindest der ICEs in Deutschland an, um zu erklären, wie sich ein und derselbe Zug zu jedem beliebigen Zeitpunkt je nach Standpunkt relativ pünktlich bzw. relativ unpünktlich zu jedem einzelnen von Tausenden Bahnkunden verhalten kann – räumt allerdings selber ein, dass der bloße Augenschein das Gegenteil nahelegt. Paulsen-Meyer etwa ist der Ansicht, dass das zugrunde liegende Datenmaterial, das auf über 245 Intensivinterviews von Bahnreisenden in Wagen 26 des verspäteten ICE Hamburg–München beruht, zu sehr vom Zufall bestimmt wurde. Meyer-Burckschmidt hingegen zitiert eine bahninterne Untersuchung, nach der weit mehr als 90 Prozent aller Züge pünktlich sind, und kommt zu dem Schluss, dass sich die Fahrgäste vermutlich kollektiv getäuscht haben. Müller-Meyer-Löffelholz allerdings glaubt beweisen zu können, der »ungeheuer hohe Wert an Pünktlichkeit« der Bahnstatistik sei nichts weiter als eine reine Rechengröße und dadurch entstanden, dass die Bahn im Erhebungszeitraum nachts, wenn kein Gegenwind herrschte und keine Passagiere störten, auf gut ausgebauten Strecken Extra-Züge mit verbeamteten Lokführern fahren ließ. Die donnerten mit überhöhter Geschwindigkeit und weisungsgemäß ohne an Bahnhöfen zu halten über die Strecke und trafen tatsächlich einige Minuten früher am Zielort ein – Minuten, die von den Bahn-Statistikern mit den Verspätungen des Tages verrechnet wurden.

gen werden, sodass dort der Zug (scheinbar) pünktlich eintrifft. Und auch die, wozu eigentlich die vielen Überwachungskameras dienen, die sich – ausgehend von den Bahnhöfen – in allen größeren Städten verbreiten.

Wie gesagt: Wir können Ihnen nur dringend empfehlen, sich deutlich vor der angegebenen Abfahrtszeit zum Bahngleis zu begeben. Denn dort kann (und wird) Ihnen immer noch all das passieren, womit Sie nicht gerechnet haben.

So wie bei Gottfried Broiler auf seiner vorletzten Fahrt nach Gera. Nach einem halben Jahr Automatenrecherche, im ledernen Brustbeutel in Klarsichthülle die auswendig gelernte und rot angestrichene optimale Verbindung und ein Sonderpreisticket, ignorierte er unseren Tipp. Ganz »Bahnprofi seit anno 48« betrat er den Bahnhof mit Mantel, Kangol-Käppi, vieltaschiger Reiseweste und lederner Reisetasche exakt fünfzehn Minuten vor der planmäßigen Zugabfahrt um 11.15 Uhr und gönnte sich im (damals noch vorhandenen) Raucherbereich neben der Abfalltonne eine letzte Pfeife.

Zehn Minuten vor der planmäßigen Abfahrt, also um 11.05 Uhr, trat er gemessenen Schrittes auf den angegebenen Bahnsteig 2, schaltete sein Hörgerät aus (eine Batterie kostet immerhin 3 Euro 20), näherte sich dem bereitstehenden Zug, schob ein paar ungehörige Flegel beiseite, die sich ihm in den Weg stellen wollten, und stieg ein. Sofort merkte er, dass irgendetwas nicht stimmte. Nach einer weiteren knappen Viertelstunde, gegen 11.19 Uhr, stellte er fest, dass er sich im Inneren eines Gleisbauzuges befand. Dessen Fahrer gab auf Broilers Insistieren hin zu, gar nicht nach Gera fahren zu wollen, sondern in Richtung Oberhausen, und das gerade mal einen lumpigen Kilometer weit. Als Broiler mit dem

Haderlumpen fertig war und den Zug empört verließ, sah er am gegenüberliegenden Gleis seinen Zug losfahren, der sich nicht mehr aufhalten ließ, so schnell Broiler auch rannte (es war in Anbetracht seines Jahrgangs relativ langsam) und so sehr er mit seinem Stockregenschirm auch gegen die Zugscheiben schlug.

TIPP

Sehen Sie: Seien Sie also überpünktlich. Und stempeln Sie einen Tipp aus diesem sorgfältig und unter Einsatz mehrerer Leben recherchierten Überlebensführer niemals vorschnell als lächerlich ab – Sie werden sehen, dass wir immer recht haben!

Kunerts Inferno

Dabei hatte Broiler noch Glück im Unglück: Es war lediglich ein *strahlend schöner Oktobertag*. Wäre es ein *strahlend schöner Januartag* gewesen (von einem *strahlend schönen Februartag* ganz zu schweigen), hätte sich unaufhaltsam ein weit schlimmeres Szenario entwickelt: Wegen der im Winter völlig ungewöhnlichen Minusgrade wären die nächsten fünf Weichen Richtung Gera allesamt eingefroren gewesen. An manch anderem Bahnhof hätte dies ausgereicht, um den gesamten Personenverkehr in Richtung Osten für den Rest des Tages lahmzulegen (und am nächsten Tag hätte sich, c'est la vie, bei ähnlichen Wetterbedingungen daran wenig geändert).

Aber dies ist der Bahnhof von Gisbert Kunert, 33, Brillenträger, vorstehendes Kinn, smart, ehrgeizig, hochintelligent. Ein Mann der neuen Bahn-Generation. Ein Mann, der keine Freundin hat, denn er verfolgt große Ambitionen auf einen Platz ganz oben im Bahnmanagement und kann demzufolge jederzeit nach Berlin berufen werden, wo er sich in seiner knappen Freizeit dann doch wieder nur eine Neue suchen müsste.

Kunert ist jemand, der da durchgreift, wo andere nur reden, etwa beim altbekannten Problem der Müllbeseitigung. Sein Vorgänger hatte sich noch damit begnügt, empörte Fahrgäste darauf hinzuweisen, dass jeder Plastikbecher, jede Papierserviette, der und die vom zugigen Hallenwind vom Bahnsteig auf die Gleise geweht wurden, damit automatisch vom Zuständigkeitsbereich des Bahnhofschefs – also seinem – in einen anderen Zuständigkeitsbereich, den nämlich des Bereichs Schienennetz, wechselte. Kunert hatte so lange keine Ruhe gegeben, bis der Zuständige des Geschäftsbereichs Netz eine eigene Putzkolonne für die Gleise seines Bahnhofs abstellte.

Dies war Kunerts erster Triumph. Er reichte nur nicht, damit Berlin auf ihn aufmerksam wurde. Seit es draußen kälter wird, schläft Gisbert Kunert deshalb noch unruhiger, wartet auf den Wintereinbruch und eine neue, größere Bewährungsprobe. Und nun ist die Gelegenheit endlich da:

4.37 Uhr. Kunert erreicht per SMS die Nachricht von den eingefrorenen Weichen. Sofort ist er hellwach und überlegt fieberhaft. Nach dem Hickhack um die Putzkolonne weiß er genau, dass es Tage dauern würde, würde er die Weichen dem Geschäftsbereich Netz überlassen (wo man ihm der Putzkolonne wegen immer noch böse ist). Und diese Zeit hat er nicht. Kunert trifft eine folgenschwere Entscheidung. Er federt im Bett hoch und wählt mit einem einzigen Tastendruck auf seinem Handy die Nummer des bahninternen Enteisungskommandos Nord-Ost. Doch auf den Pritschen im wohlig geheizten Bereitschaftsraum, auf denen die sechs Männer seit Wochen schlafen, ist das versehentlich auf »silent« gestellte, tief unten in einer speckigen Bereitschaftstasche klingelnde Diensthandy beim besten Willen nicht zu hören.

4.38 Uhr. Kunert wirft sich in seinen Dienstwagen und rast mit quietschenden Reifen aus der geheizten Tiefgarage. Dabei verfehlt er mit dem Wagendach nur knapp den unteren Rand des (wie immer viel zu langsam nach oben gleitenden) Garagentors.

4.54 Uhr. Kunert reißt die Tür des Bereitschaftsraumes auf und die Männer des Enteisungskommandos Nord-Ost aus dem Schlaf. Und schickt sie mit ihrer aus Thermojacken, Sturmfeuerzeugen und Enteisungssprays bestehenden Ausrüstung hinaus in die unerbittliche Kälte.

5.15 Uhr. Aus der Kommandozentrale des Bahnhofs ruft Kunert das Enteisungskommando an und fragt nach dem Stand der Dinge. Gute Nachrichten: Die Männer haben es fast geschafft, die zugefrorenen Türen ihres Dienstwagens zu enteisen. Nun müssen sie nur noch die Scheiben freikratzen, tanken und ein so früh schon geöffnetes Stehcafé finden, wo man Kaffee trinken und ein paar Brötchen essen kann, dann können sie losfahren und sich um die Weichen kümmern. Kunert verlangt ultimativ den Verzicht auf Kaffee und Brötchen.

5.46 Uhr. Das fluchende Enteisungskommando Nord-Ost erreicht die erste Weiche und beginnt mit der Arbeit. Der Einsatz zweier Sturmfeuerzeuge und der Hälfte des mitgeführten Enteisungssprays ist ein voller Erfolg: Die Weiche ist frei.

6.07 Uhr. Der Schichtleiter des Enteisungskommandos übermittelt per Diensthandy Bernd Kunert die gute Nachricht und eruiert die Möglichkeit einer Pause im Stehcafé. Kunert tritt seinen bahneigenen Papierkorb in die Ecke (12,95 Euro), denn die enteiste Weiche war keine der eingefrorenen Weichen. Er fordert das Enteisungskommando auf, ohne Umschweife an der richtigen Stelle seiner Arbeit nachzugehen, und stellt anderenfalls die Kündigung des Schichtführers in Aussicht.

6.35 Uhr. Nachdem das weiter fluchende Kommando die erste eingefrorene Weiche erreicht hat, überzeugt es sich davon, dass diese ordnungsgemäß eingefroren ist, und beginnt mit der Arbeit. Die Männer wechseln sich ab, denn sie haben aus Kostengründen nur ein Paar Diensthandschuhe dabei.

6.40 Uhr. Gisbert Kunert öffnet die Schublade seines Schreibtisches und wechselt sein vor Aufregung durchgeschwitztes blaues Hemd (er trägt Joop, kein Diensthemd, der längeren Ärmel wegen).

6.43 Uhr. Der erbarmungslose, eiskalte Wind bringt das letzte Sturmfeuerzeug des Kommandos Nord-Ost zum Erlöschen. Kurz darauf ist auch der Rest des Sprays aufgebraucht (ergebnislos, denn es handelte sich um abgelaufenes Schuhdeo, das der ehemalige Großbereichsleiter Bernd Dotterhauer dafür aber en gros zum Schnäppchenpreis erworben hatte). Die Männer knobeln verbissen darum, wer Kunert anrufen muss. Der stellvertretende Leiter des Enteisungskommandos verliert auch beim sechsten Mal (Stein zerschlägt Schere).

6.54 Uhr. Kunert, der auf den hochmodernen Monitoren über seinem Schreibtisch verfolgen kann, wie sich auf seinem Bahnhof die Züge Richtung Osten stauen, weist den stellvertretenden Leiter des Enteisungskommandos telefonisch an, sofort und woher auch immer neues Enteisungsspray zu besorgen, und stellt anderenfalls die sofortige kollektive Kündigung des gesamten Kommandos und einen Millionenprozess wegen Schädigung der Deutschen Bahn und Gefährdung der Karriere Gisbert Kunerts in Aussicht.

7.15 Uhr. Die Männer des Kommandos machen sich auf den Weg zum nächsten Baumarkt, der, wie sie wissen, allerdings erst um 8.30 Uhr öffnet. Die Wartezeit überbrücken die Männer in einem fast auf dem Weg liegenden Stehcafé mit Kaffee, Brötchen und der BILD-Zeitung. Dabei kommt einer von ihnen versehentlich auf den Ausschaltknopf des Diensthandys.

8.45 Uhr. Nachdem er 73 Nachrichten auf die Mailbox des Handys des Kommandos Nord-Ost gesprochen und vergeblich versucht hat, das Enteisungskommando Nord-West zu alarmieren (das sich aus purem Zufall in demselben Stehcafé befindet und dessen Diensthandy dort leider keinen Empfang hat), wechselt Kunert zum zweiten Mal sein Hemd. Dabei findet er in seinem Schreibtisch eine Visitenkarte der privaten Eingreiffirma »Russisch Inferno – wir machen jeden Weg frei«. Er fordert die Spezialisten per sofort an und schreibt einen Antrag an die Bahnspitze, die Einsatzkosten aus dem Weihnachtsgeld der Enteisungskommandos zu begleichen.

9.15 Uhr. Die Männer von »Russisch Inferno«, allesamt ehemalige Militärexperten, sind mit Fallschirmen abgesprungen und haben mithilfe zweier Hochleistungsflammenwerfer sämtliche eingefrorenen Weichen aufgetaut – dabei aber versehentlich den leeren Regionalzug nach Emden abgefackelt, dessen Überreste fortan das Hauptgleis Richtung Osten blockieren. »Russisch Inferno« bietet an, das Hindernis aus Kulanzgründen kostenlos mithilfe von Sprengstoff zu beseitigen, ohne allerdings eine Garantie für Gleisbett und Schienen zu übernehmen. Kunert will schon annehmen, immerhin gehören Gleisbett und Schienen zum Geschäftsbereich Netz, dann aber fällt ihm ein, dass der Regionalzug nach Emden zum Geschäftsbereich Fernverkehr gehört (beziehungsweise gehörte), mit dem er bislang noch keinen Ärger hatte. Er lehnt dankend ab.

9.16 Uhr. Kunert bahnt sich mit den Fäusten einen Weg durch die Bahnkunden, die seine Tür belagern, und ruft seinen Stab von engsten Mitarbeitern zusammen – darunter die schwerhörige Chefin der Gleisputzkolonne und den zufälligerweise anwesenden DB-Brezelverkäufer Thilo Rosswurm –, um am Plasmatisch im hochgesicherten, vor Fahrgästen strikt abgeschirmten Lagezentrum tief im Bahnhofsuntergeschoss das weitere Vorgehen zu erörtern.

Nach kurzer Diskussion entscheidet er um 9.19 Uhr, alle Züge in Richtung Osten aus dem Westteil des Bahnhofs abfahren zu lassen, und zwar so, darauf legt er Wert, dass sie »pünktlich auf die Minute« sind (zumindest bis sie den Bahnhof umfahren haben und von den rauchenden Trümmern des Regionalzuges gestoppt werden). Die Züge in Richtung Westen dagegen, ordnet Kunert unter heftiger Zustimmung von DB-Brezelverkäufer Rosswurm an, fahren im Gegenzug aus dem Ostteil des Bahnhofes ab, auch sie »pünktlich auf die Minute« (was nur in den ersten Minuten wirklich etwas ausmacht, da die Züge ebenfalls nach drei Streckenkilometern auf den rauchenden Regionalzug stoßen).

11.35 Uhr. Der gesamte Personenverkehr nach Ost wie nach West ist lahmgelegt, vom Güterverkehr ganz zu schweigen. (Aber das Chaos fällt nun in die Verantwortung der Geschäftsbereiche Schienennetz, Fernverkehr und Güterverkehr.) Bernd Kunert fordert über sein Blackberry beim Bahnchef persönlich eine Staffel Rettungshubschrauber an, um die Fahrgäste aus den Zügen zu evakuieren. (Seine Mail wird, wie alle seine Mails an die Bahnspitze, ignoriert[8].) »Russisch Inferno« beschließt auf eigene Faust die spontane Überführung von 200 Luxusautos aus einem Güterzug aus Baden-

---

8   Später, er ist längst zum Leiter des Enteisungskommandos Nord-Ost befördert worden, wird Kunert in einem Handyshop zufälligerweise feststellen, dass sein Blackberry niemals funktioniert hat, weil ihn der Leiter des Geschäftbereichs Kommunikationsinstrumente noch nie leiden konnte.

Württemberg in Richtung Osten, und zwar – dies ist der einzige einigermaßen freie Weg – quer durch die Shopping-Mall des Bahnhofs (Geschäftsbereich Diversifikation).

12.05 Uhr. Auf einen dringenden Tipp aus dem Bundeskanzleramt hin schaltet der Bahnchef schließlich doch die Nachrichten ein, erbleicht und bestellt Kunert für den nächsten Tag nach Berlin. Mit dem Lächeln des Siegers kauft Bernd Kunert im menschenleeren, weil fast völlig evakuierten Kaufhaus am Bahnhof bei einer zitternden Verkäuferin zwei neue Joop-Hemden. Berlin! Endlich – er hat es fast geschafft …

Gottfried Broilers Zug in Richtung Gera, um den es hier aber in Wirklichkeit geht, wäre mithin pünktlich auf die Minute, aber statt aus Gleis 2 aus Gleis 22 abgefahren. Eine Wegdifferenz, für die Broiler selbst ohne Gepäck zwanzig Minuten benötigt, allein der vielen entgegenkommenden Flegel wegen. Der Zug wäre ohne ihn losgefahren und hätte sich nicht mehr aufhalten lassen, so sehr Gottfried Broiler auch gegen die Scheiben geschlagen hätte. Besonders ärgerlich für ihn wäre dabei gewesen, dass sein Zug anschließend über Stunden in Laufreichweite gestanden hätte. Der Weg dorthin führt allerdings durch den Betriebsbahnhof (Geschäftsbereich Allgemeine Dienste), der selbst für Bahnmitarbeiter ein Mysterium darstellt. (Eine findige Firma aus Gütersloh wollte in diesem Zusammenhang Pendelverkehre mittels Draisine zwischen Bahnhöfen und nahe gelegenen Zugverspätungszonen einrichten, scheiterte jedoch an der Bahnbürokratie: Auch nach zweijährigen Verhandlungen konnte nicht geklärt werden, welcher Geschäftsbereich zumindest theoretisch zuständig wäre.)

Wäre es hingegen ein *strahlend schöner Julitag* gewesen, hätte es Zugchef Hanswilli Hofferkamp wegen der für einen

Sommer völlig ungewöhnlichen Tageshitze einfach nicht mehr tragbar gefunden, bis zur vorgesehenen Abfahrtszeit um 11.15 Uhr zu warten. Zumal bekanntermaßen um diese Uhrzeit seit Menschengedenken kein Schwein nach Gera wollte und die Luft vor Hitze so sehr flimmerte, dass die Zeiger der Bahnhofsuhr ganz eindeutig längst auf 11.15 Uhr standen – obwohl es in der Schalterhalle, in der Broiler zur gleichen Zeit am Automaten zum 57. Mal die Verbindung überprüft hätte, bei Abfahrt des Zuges eindeutig erst 10.55 Uhr war.[9]

Egal, Broiler wäre nicht einmal mehr rechtzeitig genug gekommen, um gegen eine einzige Scheibe zu schlagen, und niemand, schon gar nicht ein Mitarbeiter der Kundenhotline der Deutschen Bahn, hätte Broiler diese Geschichte glauben wollen. Stattdessen hätte er sich wiederholt fragen lassen müssen, warum er allen Ernstes nach Gera wollte, an einen Ort, den bekanntermaßen zu dieser Uhrzeit kein Schwein anfährt.

TIPP

Sehen Sie: Wir haben recht! Also, kommen Sie lieber zu früh. Angesichts der folgenden Wartezeiten IM ZUG kommt es auf diese paar Stunden nun wirklich nicht mehr an.

---

9   Ein weiterer Beleg für die von der Forschergruppe »Horizont 2008« verfochtene These der erhöhten Relativität der Uhrzeit im Umfeld von größeren Metallansammlungen, also auch von Gleisanlagen, aus der sich ganz zwangsläufig ergibt, dass selbst die seltenen (unter zehn Prozent) Fälle von Zugverspätungen in Wirklichkeit keine Verspätungen, sondern eben relativ sind. Eine These, die von der Bahn, die die Arbeit der unabhängigen Forscher mit Aufwandsentschädigungen sponsort (Urlaubsflüge, Swimming-Pools, Ferienhäuser in der Toskana), sehr begrüßt wird.

Das große Verwirrungs- und Vergraulungskomplott

Aber denken Sie bloß nicht, dass das schon alles war. Auf dem Bahnsteig kann noch mehr passieren:

✋ Die **Zugzielanzeiger** am Bahngleis können ausfallen. Das ist nichts Ungewöhnliches, Zugzielanzeiger fallen regelmäßig aus, und selbst wenn sie nicht ausfallen, gibt es auf kleineren Bahnhöfen – die sich dafür die große Abfahrtstafel sparen – nur einen oder zwei, die funktionieren, und nur einen davon, der richtig funktioniert, zumindest bis er ausfällt. Das liegt daran, dass Zugzielanzeiger entweder im Rahmen eines Sparprogramms bei einer sehr preisgünstigen ukrainischen Firma geordert werden. Das Problem dabei ist die Inkompatibilität der in Kyrillisch programmierten Zugzielanzeiger-Software mit dem auf Deutsch verfassten Programm »Bahnhofsmanagement 4.5 Beta«, das für die elektronische Steuerung der Bahnhöfe sorgt. Oder aber die Zugzielanzeiger wurden im Rahmen einer Qualitätsoffensive bei einer deutschen Softwarefirma aus Bietigheim-Bissingen besorgt, welche gerade nach der ISO-Norm DE-4578 zertifiziert wurde und mit »Train Destination Optimizer 8.0« den weltweiten Standard für Zugzielanzeigesoftware wieder ein Stückchen höher gelegt hat. Leider kann »Bahnhofsmanagement 4.5 Beta« auch mit diesem Glanzstück deutscher Informatikkunst nur wenig anfangen. (Versuchen Sie mal, einen USB-Stick an einen Atari aus dem Jahr 1990 zu schrauben …)

🖐 Es kann also einige Laufarbeit mit sich bringen, wenn auf ein und demselben Anzeiger innerhalb von fünf Minuten hintereinander die Ziele Kiel, Salzburg und Groß-Gerau aufblitzen und schließlich der Regionalexpress nach Bottrop einfährt. Bleiben Sie in diesem Fall cool, so schwer es auch fällt, lassen Sie notfalls schweres Gepäck zurück und fragen Sie im Zweifelsfall andere Fahrgäste, was denn nun stimmt. Sie werden sich wundern, wie viele Reisende sich (unserem Tipp folgend) bereits seit mehreren Stunden auf diesem Gleis aufhalten und Ihnen sagen können, dass die Züge nach Kiel, Salzburg und Groß-Gerau längst durch sind. Für Benjamin Schultenfeld-Senger ist dies sogar eine Wahrscheinlichkeit, auf die Sie sich (vorausgesetzt, Sie befragen die Richtigen) blind verlassen können. Der Statistik-Professor aus Mainz hat in seiner Publikums-Joker-Theorie nachgewiesen, dass bei »Wer wird Millionär?« das Publikum mehrheitlich immer richtig liegt. Und falls Sie auf dem Bahnsteig noch Zweifel haben, gibt es ja noch den 50:50-Joker.[10]

🖐 Es kann auch sein, dass ein Zugzielanzeiger bei Ihrem Zug »ca. zehn Minuten Verspätung« anzeigt. Glauben

---

10 Tatsächlich kursierte vor Jahren bahnintern ein Strategiepapier, das vorsah, genau dies nach dem Börsengang zu einem massenattraktiven Gewinnspiel zu machen und so einerseits teure Zugzielanzeiger samt Software einzusparen, andererseits mit tollen Gewinnen – kostenlosen Platzreservierungen, Gutscheinen für einen Kaffee im Bistro – noch mehr Menschen als bisher als Bahnkunden zu gewinnen. Der Vorstoß wurde auf Eis gelegt, weil man sich nicht in der Lage sah, auf den Bahnsteigen auch nur halb so coole Beleuchtungs- und Soundeffekte zu garantieren wie in der RTL-Show mit Günther Jauch.

Sie das bloß nicht und denken Sie ja nicht, Sie könnten noch in Ruhe eine Zeitung oder einen Kaffee kaufen! Denn es gibt immer zwei Möglichkeiten, die jederzeit eintreten können: Entweder kommt der Zug doch (fast) noch pünktlich (denn es hieß ja »ca.«). Oder nach ein paar weiteren Minuten ändert sich die Anzeige in »ca. 20 Minuten Verspätung« und so fort, bis die Verspätung innerhalb eines Kaffees »auf unbestimmte Zeit« angewachsen ist. Was bedeutet, dass Sie Ihren Kaffee stehen lassen und davonstürzen sollten, um sich ein Hotelzimmer in der Umgebung zu suchen, bevor Ihre Mitfahrer Ihnen das letzte wegschnappen. (Stürzen Sie aber nicht zu hastig in die umliegenden Hotels, dort erhöht man bei hastig Hereinstürzenden automatisch die Preise.) Allerdings, wie gesagt, das kommt immer nur dann vor, wenn Sie wirklich pünktlich am Gleis waren. Eine Zeitlang verteilten in solchen Fällen zumindest im Berliner Hauptbahnhof und anderen DB-Vorzeigeobjekten Bahn-Azubis kostenlos Heiß- oder Kaltgetränke. Natürlich nicht an jeden, sondern an scheinbar willkürlich ausgewählte Reisende (ein psychologischer Kniff der Bahnführung, um unter den Wartenden Zwietracht zu säen, bevor sie auf die Idee verfallen können, sich zusammenzurotten und exaktere Zugzielanzeiger zu fordern).

TIPP
Lassen Sie sich als Bahnkunde nicht mit Kleinigkeiten wie Heiß- oder Kaltgetränken oder auch Bistrogutscheinen bestechen! Ohnehin werden so nur Lagerbestände abgebaut, deren Haltbarkeitsdatum überschritten ist.

Ganz Ähnliches kann mit den **Durchsagen** geschehen. Wenn sie nur ausfallen würden, wäre es nicht so schlimm – es wäre sogar häufig das Beste. Stattdessen aber gibt es Bahnmitarbeiter wie Ingmar Pischel, in einem großen Bahnhof zuständig für die Durchsagen für Gleis 1 bis 10. Und es gibt Gerald Fett, im selben großen Bahnhof zuständig für die Durchsagen für Gleis 11 bis Gleis 20. Beide sind ganz gute Kumpel, und deswegen haben sie an manchen Tagen eine Wette laufen: Wer kann durch geschickt formulierte Durchsagen mehr Bahnreisende auf einem Gleis von vorn nach hinten, von einer Gleisseite auf die andere, von einem Gleis zum anderen scheuchen? (Gezählt wird später anhand der Aufnahmen der vielen Videokameras auf dem Bahnhof. Die tollsten Szenen veröffentlichen Pischel und Fett später auf YouTube. Zwei davon, eine Massenpanik mit Gleisstürzen und eine Massenschlägerei, liefen sogar schon gegen Entgelt in einer dieser Pleiten-und-Pannen-Shows, für die sonst immer nur Eltern ihre Kinder mit dem Fahrrad gegen Bäume fahren lassen.)

Es gibt aber auch Ansager wie Anita Hochwacht-Stolz, die es nur gut mit Ihnen meint und felsenfest davon überzeugt ist, dass sich in gerade diesem ICE nach Zürich über Mannheim die erste Klasse dort befindet, wo sonst die zweite Klasse ist – und umgekehrt. Und erst eine Minute später sieht, dass dies den ganz anderen Zug nach Brüssel betrifft, worauf sie hektisch ihre erste Ansage korrigiert, aber leider wieder etwas durcheinanderbringt. Sie behauptet nämlich, dass das mit der ersten und zweiten Klasse den Zug betreffe, der nach Brüssel fahre, und zwar über Mannheim und Zürich.

Auf die entsetzten Blicke ihrer Kollegen hin setzt Anita Hochwacht-Stolz nun umgehend über Lautsprecher ein schrilles Dementi ab, nämlich, dass »heute der Zug nach Mannheim nicht über Mannheim fährt«, »ich wiederhole: nicht über Mannheim!«. Und bleibt so lange dabei, bis man die Schreiende vom Mikro entfernt, auf die Erste-Hilfe-Liege verfrachtet und ihr die Stirn kühlt.

Gunda Gibbentrup aus dem westfälischen Münster kann das nicht mehr passieren. Jahrelang litt die im mittleren Bahnsteigmanagement mit Schichtdienst eingesetzte Durchsagefachfrau unter Aufregung, Schlafmangel, Hektik und Unruhe. Eingehende ärztliche Diagnostik kam zu dem Ergebnis, dass die Arbeitsbelastung der 35,6-Stunden-Woche (kaum gemildert durch 42 reguläre Urlaubstage, zuzüglich sieben Ausgleichs-Tagen für Bereitschaftsdienste) maßgeblich zu diesem Missstand beitrug. Da ignorante Vorgesetzte dennoch der Befreiung vom offenkundig schädlichen Arbeitszwang im zarten Alter von 32 nicht zustimmen wollten, wandte sich Frau Gibbentrup zunächst im Rahmen einer zweijährigen Krankschreibung an zahllose medizinische Koryphäen. Vergeblich. Nach einer durch den medizinischen Dienst der Bahn verfügten Wiederaufnahme der belastenden Tätigkeit traten die Symptome daher erneut auf. Abhilfe konnte erst ein Hypnotiseur aus dem nahegelegenen Coesfeld schaffen, der in vielen anstrengenden Sitzungen mit Frau Gibbentrup eine »Entschleunigung« ihres Lebens sowie eine therapeutisch sinnvolle Distanzierung von den Problemen der Bahnsteigbenutzer erreichte. In der Praxis erzielt Gunda Gibbentrup dies durch permanente spirituelle Meditation während des Dienstes. Sie konzentriert sich auf den Punkt Gamma im oberen Zylonen-Ornament der Quadrenga (wobei diese Begriffe nur austauschbare Symbole tiefer liegender Grundmuster sind), während sie ihre irdischen Durchsagen mit Gleichmut, Ruhe, den angemessenen Atempausen und ohne jegliche Emotion ins Mikrofon spricht: »Der. Regionalexpress. Nach Hamm. Fährt. Ca. 50. Minuten. Später. Ab. Am. Gleis. 5. Fährt. Ein. Verspäteter. Intercity. Nach. Passau. Über. Dortmund. Hagen. Wuppertal. Köln. Am. Gleis. 22. Befindet. Sich. Ein. Verlassener. Koffer. Er. Enthält. Möglicher. Weise. Eine Bombe. Und. Wird. In. Kürze. Gesprengt. Bitte. Verlassen. Sie. Dieses. Gleis … «

TIPP
Seien Sie dem Fachpersonal nicht böse. Ein bisschen Bewegung tut jedem gut. Glauben Sie nur im Zweifelsfall keiner Durchsage!

Unter diesen Umständen liegt es nahe, auch die Auskünfte der uniformierten Bahnmitarbeiter nicht ernst zu nehmen. Manchmal handelt es sich bei den Uniformierten, die auf dem Bahnhof herumlaufen, auch gar nicht um Bahnmitarbeiter, sondern um Bahnkunden, die sich im Kostümverleih oder bei den alkoholisierten Ehemaligen in der Bahnhofskneipe eine DB-Uniform besorgt haben – aus Jux, aus Geltungsdrang oder weil sie sich bei der Bahn für wiederholte Irreführung rächen wollen. Vor allem in letzterem Fall geben sie nicht nur auf Nachfrage vorsätzlich falsche Auskünfte (»Nein, der Zug nach Berlin fährt gleich heimlich von Gleis 15a. Wenn Sie laufen, können Sie es noch schaffen!«),[11] sie mischen sich auch aus eigener Initiative unter aufgebracht beratschlagende Kundengrüppchen (»Nein, es fährt kein Zug mehr nach Gütersloh, nie mehr, auch morgen nicht.«) – etwas, was echte Mitarbeiter der Bahn, die sich in solchen Fällen stets verstecken, niemals tun würden.

Es sei denn, es handelt sich doch um echte Mitarbeiter, um solche mit einer vertraulichen Mission: der nämlich, Bahnreisende absichtlich zu verwirren. Den Autoren liegt ein mehrtausendseitiges Dossier vor, das darauf hindeutet. Dessen Verfasser (mittlerweile entlassene Ex-Mitarbeiter einer vor Jahren von dem damaligen Bereichsleiter Bernd Dotterhauer beauftragten Hobby-Unternehmensberatung) analysieren akribisch den geplanten Börsengang der Bahn und raten dazu, im Vorfeld die Kosten des Konzerns stetig zu senken, um die Gewinne kurzfristig zu steigern. Die Verfasser sehen dazu nur einen Weg: den mehr oder weniger heimlichen[12] Abbau von Zügen

---

11 Das mit den vorsätzlich falschen Auskünften gelingt dem Laien nicht immer. Legendär ist der Fall von Sabine Sonnenhausen aus Bamberg, die auf ihrem persönlichen Rachefeldzug inbrünstig immer genau das Gegenteil des Bahnfahrplans behauptete – und damit zufälligerweise stets richtig lag. So fiel es lange Zeit nicht mal anderen Bahnmitarbeitern auf, dass die smarte Kollegin keine DB-Uniform, sondern eine römische Tunika trug (sie hatte im Sonderverkauf des städtischen Theaterfundus nichts anderes gefunden). Nach fünf Jahren wurde Sonnenhausen von mühsam ins Bahnhofsteam eingeschleusten DB-Ermittlern enttarnt. Das Landgericht musste sie freisprechen, weil ihr keine einzige falsche Auskunft nachgewiesen werden konnte.

12 Was eventuell auch erklären könnte, warum – wie der Wiener Zugstatistiker Franz Schneuf-Scherf anhand der akribischen Analyse von Ausfallmeldungen auf Zugankunfts- und -abfahrtstafeln feststellte – Jahr für Jahr immer wieder eine beträchtliche Zahl von Zügen auf freier Strecke spurlos verschwindet.

und von Personal. Dies steht allerdings in deutlicher Diskrepanz zur wachsenden Zahl von Bahnkunden. Um im Hinblick auf den Börsengang wenigstens einen gewissen Prozentsatz anspruchsvoller Kunden (»die sensiblen 20 Prozent«) vom Bahnfahren abzuhalten, empfahlen die Unternehmensberater eine großangelegte »Verwirrungs- bzw. Vergraulungsstrategie« durch verlässliches Personal auf den Bahnhöfen – das dadurch »zugleich Gelegenheit zum Abbau persönlichen Frustes erhält«.

🖐 Einer der Autoren, ein gewisser Thilo Rosswurm, führt im Anhang Beispiele derartiger Subversion auf, die von falschen Auskünften aller Art über absichtliche Zusammenballungen freiwilliger Bahnmitarbeiter in Zivil an den jeweils engsten Stellen der Bahnsteige, nämlich vor dem Wagenstandsanzeiger, bis hin zur völligen Blockade von Bahnhöfen durch eigene Züge reichen.

🖐 Unsere Informanten in DB-Kreisen konnten nicht ausschließen, dass es eine mächtige Minderheit von Mitarbeitern gibt, die diese Handlungsbeispiele stark verinnerlicht haben.

Doch ganz offensichtlich hat die »**Verwirrungs- bzw. Vergraulungsstrategie**« bislang eher beschränkten Erfolg. Im Gegenteil, da der Kundenkreis trotz aller Abschreckungsmaßnahmen weiter wächst, kommt es immer häufiger zu chaotischen Szenen auf Bahnhöfen und zu immer mehr Doppelbelegungen von Sitzplätzen im Zug. Mehr noch: In voll besetzten Zügen, in denen sich diese Doppelbelegungen häufen, ja sogar eine Reihe von Dreifachbelegungen vorkommen, versuchen besonders Linientreue unter dem Personal die Lage dadurch anzuheizen, dass sie das Reservierungssystem »ausfallen« lassen.

Eine Gruppe von EDV-Technikern dagegen behauptet, dass das einst von Dotterhauer angeschaffte Bahn-EDV-System deswegen so sündhaft teuer war, weil es die Regeln der »Verwirrungs- bzw. Vergraulungsstrategie« bereits per Programmierung verinnerlicht hat.

Übrigens – aber das hat nichts damit zu tun – kam es, nachdem die Verfasser auf dem Kölner Bahnhofsvorplatz halblaut über diesen Sachverhalt diskutiert hatten, 23 Mal in Folge vor, dass im Zug ihre gebuchten Sitzplätze von anderen – stets auffallend unhöflichen – Fahrgästen mit ebenfalls gültigen Buchungen belegt waren. Erst als sie (scheinbar!) auf dem Bahnhofsvorplatz in Fulda vor einer Videokamera feierlich widerriefen, von der These jemals gehört zu haben, hörte die unheimliche Serie schlagartig auf.

TIPP
Lassen Sie sich nicht von angeblichen oder echten
Bahnmitarbeitern provozieren. Es könnte immer sein,
dass es sich um subversive Provokateure handelt.

Jeder Bahnreisende ist sich selbst der Nächste

Angesichts solcher Verhältnisse sowie der generell unbrauchbaren Platzreservierungen in Zügen ist es kaum verwunderlich, dass auch die Solidarität unter den Fahrgästen der Bahn abnimmt. Viele versuchen aus purer Not, wenigstens ihren Kindern einen Platz im Zug zu sichern. Seien Sie also vorsichtig, wenn Sie in einem Menschenknäuel auf den Zug nach Hamburg warten, sich eine ganz gute Position erkämpft haben, ohne ihre Schuhe zu verlieren, und eine Mutter oder ein Vater auf Sie zutritt und behauptet, der Zug fahre heute ausnahmsweise von einem ganz anderen Bahnsteig: Ob Sie ihrem oder seinem Kind deshalb nicht Ihren ganz und gar nutzlosen Platz überlassen könnten.

Manchmal verstecken die Mütter und Väter sogar hochperfide ihre Kinder bis zum allerletzten Moment hinter dem Zugzielanzeiger und tragen Anzug oder Businesskostüm, sind also als Eltern nicht zu erkennen. Manchmal lassen sie auch ihre Kinder tatsächlich zu Hause. Oder die Kinder sind schon längst aus dem Haus und tricksen ihrerseits auf Bahnhöfen herum, was ihre Erzeuger nicht davon abhält, das Gleiche zu tun.

Manche dieser Trickser haben auch niemals Kinder gehabt und behaupten dies auch gar nicht, wollen sich aber dennoch mit ganz ähnlichen miesen Methoden einen billigen Einstiegsvorteil verschaffen.

Andere versuchen, Schwächere von den Türen wegzuschieben. Ganz Skrupellose krümmen sich röchelnd oder kreischend auf dem Boden, wenn der Zug einfährt. Kümmern sich dann Mitreisende um sie, springen sie plötzlich auf, sprinten mit ihrem Gepäck zum Zug und halten die Tür von innen zu.

Wie Sie es trotz allem in den Zug schaffen

Wir können solche miesen Tricks nicht wirklich empfehlen (zumal man sich dabei die Kleidung beschädigen kann). Allerdings sollten auch Sie nicht davor zurückscheuen, sich vor Einfahrt des Zuges in die bestmögliche Position zu bringen. Bahnfahrprofis kennen vier einigermaßen seriöse Taktiken:

I. **Der japanische Wellenbrecher** (klappt nicht immer, ist aber bei schwererem Gepäck oft die einzige Alternative)

Rechnen Sie sich exakt die Stelle aus, an der die Tür des Wagens 27, in dem Sie einen Platz haben oder gerne einen Platz haben würden, zum Stehen kommen wird, oder greifen Sie auf Erfahrungswerte aus ausführlichen Zugbeobachtungen zurück.

Machen Sie allerdings nicht den Fehler, sich auch nur ansatzweise auf den »Wagenstandsanzeiger« zu verlassen. Diese an jedem Bahnhof aushängenden Grafiken suggerieren zwar, man könne ablesen, in welchem Gleisabschnitt welcher Wagen hält. In Wirklichkeit jedoch sind die bunten Zeichnungen das Produkt eines mit deutschen Steuergeldern finanzierten Projektes zur Förderung arbeitsloser Grafiker. Mit der tatsächlichen Reihenfolge der Wagen haben die Bilder hingegen allenfalls gelegentlich zufällig etwas zu tun. Sie können dies leicht überprüfen, indem Sie die Angaben des Wagenstandsanzeigers zur Position der ersten Klasse mit denen des Zugzielanzeigers, der schrillen Bahnsteig-Durchsage und der tatsächlichen Wagenreihung nach Einfahrt des Zuges vergleichen. Im Regelfall werden Sie bemerken, dass der Wagenstandsanzeiger die erste Klasse an die Spitze, der Zugzielanzeiger sie ans Ende und die Durchsage sie in die Mitte verlegt. Der einfahrende Zug hat dann natürlich gar keine Erste-Klasse-Wagen.

Stellen Sie sich also eine halbe Stunde vor Einfahrt des Zuges an den ermittelten Punkt und weichen Sie keinen Zentimeter, egal, was passiert. Kleiden Sie sich unbedingt robust, empfehlenswert sind Schulterpolster und Rückenschutz; bei der Unruhe, die entsteht, wenn der Zug einfährt, werden einige Fahrgäste mit voller Wucht gegen Sie prallen und Sie eventuell umwerfen.

Es kann allerdings sein, dass der Wagen nicht an der Stelle zum Stehen kommt, die Sie sich ausgerechnet haben. Das ist dumm, gerade wenn Sie sich als Wellenbrecher schon so viele Feinde gemacht haben, dass man Sie nicht mehr in den Zug lassen will.

2. Der desinteressierte Flaneur (klappt auch nicht immer)

Tun Sie so, als hätten Sie gar nicht vor, mit diesem Zug zu fahren. Geben Sie vor, sich nur zufälligerweise auf dem Bahnsteig aufzuhalten. Ein gutes Accessoire ist beispielsweise eine Tageszeitung, in die Sie, auf einer Bank sitzend, scheinbar begeistert vertieft sind – um dann, wenn der Zug eingefahren ist, aufzuspringen und sich vorzudrängeln.

Noch besser täuschen Sie Konkurrenten, wenn Sie sich dabei nicht auf der Seite des Bahnsteigs aufhalten, an der der Zug einfährt, sondern auf der entgegengesetzten (auf der lediglich der Regionalzug nach Warnemünde einfährt, den ohnehin niemand benutzen will).

Haben Sie schauspielerisches Talent, können Sie Ihr vorgebliches Desinteresse am Zug noch durch anderes Zubehör betonen; etwa durch eine Pilotenuniform (die alle für die eines Zugführers halten werden), einen auffälligen Mineralienhammer, mit dem Sie scheinbar gedankenverloren ein paar Bahnsteigplatten abklopfen, oder durch einen Kinderdrachen, den Sie steigen lassen (keine Sorge, auch in Bahnhöfen ist dafür genug Wind). Sie können auch versuchen, sich mit einem Kittel bekleidet einem Putzkommando anzuschließen oder gleich auf eigene Faust ein paar Mülleimer zu entleeren.

Wir geben zu: Bei dieser Strategie ist es allerdings unglaubwürdig, wenn Sie viel Gepäck dabeihaben.

3. Die Familie, die Tante Emily abholt (klappt auch nicht immer)

Tun Sie so, am besten mithilfe Ihrer Familie oder einiger Mitgekommener, die sich als Ihre Familie ausgeben (Studentenservice!), als wären Sie nur hier, um jemanden vom Zug abzuholen. Wichtig ist, dass Sie *vorher* Ihre Helfer darauf einschwören, bei den obligatorischen lauten Bemerkungen auf dem Bahnsteig, wie sehr man sich schon auf den- oder diejenige freue, immer denselben Namen zu nennen. (Es ist nicht sehr wahrscheinlich, dass »Frank«, »Opa Welm« und »Tante Emily aus London« allesamt mit ein- und demselben Zug aus Frankfurt/Oder eintreffen.)

Im entscheidenden Moment sprinten Sie dann mit lauten »Tante Emily! Ich helfe Dir!«-Rufen an den gerührt lächelnden Wartenden vorbei auf die Aussteigenden zu – und drängen sich zwischen ihnen hindurch als Allererster in den Wagen. (Ihre Helfer bringen Ihnen Ihr Gepäck nach, sobald Sie sich auf einen guten Platz geworfen haben.) Bis vor einigen Monaten funktionierte diese Strategie ganz gut, fand aber genau deswegen so viele Nachahmer, dass sich teilweise bis zu 95 Prozent aller auf einen Zug Wartenden ihrer bedienten, was die Erfolgsquoten drastisch senkte. Darüber hinaus kam es in zwei Zügen, in denen sich tatsächlich ältere britische Damen befanden, zu chaotischen Szenen, einem Kreislaufkollaps und einer Enterbung. Mittlerweile ist die

»Tante-Emily«-Taktik nur noch in Orten wie Pinneberg oder Potsdam wirklich überraschend.

4. Der scheinbar Interessierte (klappt noch am besten)

Den größten Überraschungserfolg können Sie zurzeit verbuchen, wenn Sie einfach den Bahnsteig betreten, Ihr Gepäck abstellen und ganz offensichtlich und interessiert auf den Zug nach München warten. Die Mitfahrer werden Ihnen das nicht abnehmen, werden Sie aus den Augenwinkeln verbissen beobachten und vergeblich versuchen zu analysieren, was Sie wirklich vorhaben. Schließlich werden sie felsenfest davon überzeugt sein, dass Sie in Wahrheit vorhaben, mit markerschütternden Schreien und känguruartigen Sprüngen den gegenüber einfahrenden Regionalexpress nach Regensburg zu entern – und werden unglaublich verblüfft sein, wenn Sie tatsächlich in Richtung München einsteigen. Zugegeben, die banalste der Methoden. Aber – und darauf kommt es ja nur an: Sie sind im Zug!

IM ZUG:
Das Ende der Zivilisation

Sie sind drin. Toll. Aber freuen Sie sich nicht zu früh. Die ersten Sekunden sind die, auf die alles ankommt. Die Sekunden, bis hinter Ihnen all die anderen Reisenden, die Sie eben ausgetrickst haben, wie die Hunnen durch die Tür brechen und sich an Ihnen vorbei auf alles stürzen, was nach einem freien Platz aussieht.

Sie haben nicht mehr als 7,8 Sekunden

Aber Sie schreckt das nicht, denn Sie sind vorbereitet. Sie haben sich vor der Fahrt ein oder zwei Abende lang sehr intensiv Gedanken darüber gemacht, was Sie von einem optimalen Sitzplatz erwarten.

Zur Klarstellung: Wir meinen nicht den nutzlosen Platz, den Sie online reserviert haben, nur damit Sie gut schlafen können. Wir meinen auch nicht den Platz, den Sie telefonisch oder persönlich gebucht haben, denn auch der wird nur selten der optimale sein. (Es hindert Sie niemand, diesen Platz zu inspizieren, um sich davon zu überzeugen, dass wir recht haben – allerdings sollten Sie das lieber erst tun, wenn Sie einen anderen, einen brauchbaren, gefunden haben.)

Über all das sollten Sie aber, wenn Sie erst einmal im Zug sind, nicht mehr nachdenken, sonst ist es zu spät.

Mediziner haben übrigens herausgefunden, dass in den kurzen Momenten der Platzsuche im Zug der Puls umso höher ist, je mehr potenzielle Mitbewerber um die paar freien Plätze es gibt – eine Binsenweisheit, aber so lässt sich erklären, dass die Lebenserwartung von Bahnfahrern, die an den Anfangsbahnhöfen einer Zugstrecke leben und dort einsteigen, deutlich höher ist als die jener Menschen, die an späteren Stationen zusteigen, dann, wenn der Zug schon voll besetzt ist (nach dem Parametersoziologen Volkmar Affaltrachambach aus Lüchow-Dannenberg der Hauptgrund, weswegen das Leben auf dem Land so gesund ist, zumindest bis zum Börsengang der Bahn).

Aber wie gesagt: An so etwas sollten Sie jetzt nicht denken. (Wir gehen übrigens davon aus, dass Sie als Bahnfahrer, wie jeder andere Risikosportler auch, regelmäßig Herz und Kreislauf checken lassen.)

Besser, Sie denken überhaupt nicht, wenn Sie nicht bis Heilbronn oder Frankfurt/Oder bei den Müffelrucksackträgern im Gang stehen und Reggae hören wollen. Oder Hiphop. Lassen Sie lieber Ihre Reflexe reagieren. Ihre Reflexe, durch intensive gedankliche Vorbereitung darauf gepolt, sich einen geeigneten Sitzplatz zu sichern, bevor der zweite Teil der Horde Ihnen von vorne schnaufend und keuchend entgegenstürmt.

Die Verfasser haben in Selbststudien ermittelt, dass Ihnen nach dem Betreten eines Großraumabteils im Schnitt ein Zeitfenster von 3,7 bis 7,8 Sekunden bleibt, um den in Anbetracht der Umstände optimalen Platz zu ermitteln und zu besetzen. Wobei nur 5,1 Sekunden lang von einem objektiv optimalen Platz zu sprechen ist, weil ab dann die durch die gegenüberliegende Tür Eindringenden bereits die ersten auch für Sie infrage kommenden Plätze am anderen Wagenende besetzt haben.

Die Chance, in der knappen zur Verfügung stehenden Zeit das erste Großraumabteil zu durchhasten und, falls sich kein

Platz anbietet, in einem zweiten Abteil fündig zu werden, ist verschwindend gering und hängt von Ihrer persönlichen Bestzeit beim 100-Meter-Lauf ab. Außerdem müssen Sie immer damit rechnen, dass Fieslinge Ihnen eigens dafür mitgeführte voluminöse Gepäckstücke in den Weg werfen, nur um selber wertvolle Sekundenbruchteile zu gewinnen und den optimalen Platz als Erster zu erreichen.

Aber: Was ist ein optimaler Platz?

Exkurs: Welche Klasse passt zu Ihnen?

Wir müssen schon wieder etwas einschieben, aber das ist sehr wichtig. Für die meisten Deutschen ist der optimale Sitzplatz nämlich auch eine Frage der Klasse. Während es auf unseren Autobahnen (noch) so ist, dass auch die Fahrer zweit-, selbst drittklassiger Fahrzeuge zumindest theoretisch die linke Fahrspur verwenden dürfen, herrscht in der Bahn eine strikte Zweiklassengesellschaft.[13] Trotz erster Auflösungserscheinungen liegen zwischen erster und zweiter Abteilklasse immer noch Welten. Es kann sein, dass Sie, auch ohne jemals Bahn gefahren zu sein, instinktiv wissen, wohin Sie gehören. Es kann aber auch sein, dass Sie, vielleicht sogar nach ersten leichtsinnigen Fahrten ohne diesen Überlebensführer, stark verunsichert sind – kein Wunder, hängen doch mit der richtigen Klassenwahl auch alle anderen Parameter zusammen, die einen optimalen Sitzplatz ausmachen.

---

13   Irgendwann nach dem Börsengang will das Bahn-Management, um Fluglinien endlich richtig Konkurrenz zu machen, sogar noch zwei weitere Klassen einführen: eine »Business«-Klasse, in der der Service am Platz wirklich funktionieren soll, und eine besonders günstige »Stand-by«-Klasse, mit der man noch mehr Rucksackträger in die Gänge locken will.

Wir haben Ihnen für diesen Fall drei Beispiele unterschiedlicher Bahnfahrertypen zusammengestellt. Überlegen Sie beim Lesen der folgenden Passagen bitte immer: Mit welchem der geschilderten Menschen würde ich die Fahrt gerne zusammen verbringen? Mit welchem lieber nicht? Und: In welchem Umfeld fühle ich mich wohl? In welchem eher nicht? Sie werden sehen: Danach ist die richtige Klassenwahl ein Kinderspiel.

Der Erstklässler: Martin Tummermann

Martin Tummermann ist groß gewachsen und – dem mangelhaften Service am Platz sei Dank – für sein Alter schlank geblieben. Er besitzt eine Bahncard First, trägt graue Anzüge und der Klimaanlage wegen einen ärmellosen Pullover mit V-Ausschnitt. Tummermann arbeitet als zweiter stellvertretender Referatsleiter im Forschungsministerium und ist zuständig für die Kontaktpflege mit dem Ministeriumsstab in Berlin: Zweimal jede Woche fährt Tummermann mit einem Aktenkoffer die Strecke Bonn–Berlin und zurück. Eine ziemlich eintönige Aufgabe, und Tummermann kam – damals war er noch erster stellvertretender Referatsleiter – schon vor Jahren darauf, den Aktenkoffer in Bonn einfach irgendwo in den Zug zu stellen und einen Mitarbeiter in Berlin anzuweisen, ihn am Bahnhof in Empfang zu nehmen. Aber dann tauchten Konstruktionszeichnungen einer High-Tech-Inkontinenzwindel, die im Koffer gewesen waren, in Asien auf, und es gab Riesenärger.

Also fährt Tummermann wieder selber mit. Fliegen ginge schneller, aber das ist nicht drin, weil der erste stellvertretende Referatsleiter höllische Flugangst hat und deshalb alle ihm unterstellten Mitarbeiter ebenfalls Bahn zu fahren haben.

Tummermann macht Bahnfahren nichts aus, im Gegenteil, er genießt es, sich mit 130, 140, 150, 170 Sachen fortzubewegen und gleichzeitig entspannt zu sitzen, neben sich einen heißen Kaffee, in den Ohren die Kopfhörer des iPods. Er liebt es auch, zu den Klängen von Beethoven oder Café del Mar in Unterlagen zu blättern oder am Laptop einen Vortrag für den ersten stellvertretenden Referatsleiter vorzubereiten (den dieser aus Zeitmangel von der Tagesordnung streicht). Und er empfindet Freude, wenn er aus dem Fenster sieht und die Staus im morgendlichen Berufsverkehr zählt (der von ihm auf der Strecke gezählte Rekord liegt bei 178 Stück), wenn er die Menschen in ihren kleinen Autos fluchen und hupen sieht, während er, Tummermann, im Großraumwagen vorbeigleitet. Mit Staunen verfolgt er manchmal, wie die Autofahrer mit lächerlich roten Köpfen wie Mandrillaffen aus ihren Wagen springen, schimpfen, fluchen, einander anbrüllen, einander sogar schlagen. Der Stress und Druck dort draußen in der Autowelt muss unerträglich sein.

Tummermanns Mitfahrer in der ersten Klasse sind überwiegend Anzugträger wie er, überwiegend in fast verantwortungsvoller Stellung wie er, irgendwie um die 45 wie er. Die meisten haben ihre Laptops aufgeklappt. Viele kennt Tummermann vom Fahren, mit manchen grüßt er sich sogar, ein kurzes Kopfnicken, mehr nicht. Wäre Tummermann ein Spion, wie die beiden unauffälligen Herren mit den asiatischen Gesichtszügen, die fast immer mitfahren und die ganz erschrocken waren, als er sie einmal grüßte, könnte er jede Menge Interessantes aufschnappen: Die Unterhaltung zweier Männer, die detailliert besprechen, welche leitenden Mitarbeiter eines großen Autobauers sie wann ins Bordell schicken. Die geheime Gebotssumme für den Bau einer Brücke zwischen Deutschland und Skandinavien, die ein Bauunternehmer seiner begriffsstutzigen Sekretärin brüllend telefonisch durchgibt. Das erregte Gespräch eines verheirateten Managers mit seiner Geliebten, einer Fernsehmoderatorin.

Tummermann könnte auch, wie es die beiden Herren aus Asien tun, im Vorbeigehen unauffällig die vertraulichen Daten auf den Laptop-Displays fotografieren, Umsätze, Zukunftsstrategiepapiere, Entwicklungszeichnungen.[14] Tummermann beobachtet das mit einer Mischung aus Ekel und Interesse, aber er würde so etwas niemals selber tun. In der freien Zeit, die ihm auf etwa drei Vierteln der Strecke bleibt, schreibt er Haikus über das Bahnfahren.

Tummermann findet es fürchterlich, wenn einer dieser angeberischen Lauttelefonierer mit präpotentem Gekrähe seinen schützenden Klangteppich durchbricht.

Zunehmend stören Tummermann auch die Kleingruppen von kartenspielenden Frührentnern aus Grevenbroich oder Halle, die die erste Klasse Monate im Voraus zu einem Spottpreis gebucht haben. Was sie nicht davon abhält, die Karten kreischend und lachend auf den Tisch zu kloppen und sich angeregt über ihren diesjährigen Urlaub in Büsum zu unterhalten. Da solche Kleingruppen absolut resistent gegen bittende, indignierte oder drohende Blicke sind und Tummermanns iPod sich nicht so laut aufdrehen lässt, dass die Musik aus den Kopfhörern (und sei es um den Preis eines Hörschadens) eine

---

14 Einmal, beim Laptop eines Flugzeugingenieurs, schlängelte sich der kleinere der beiden Herren – sehr zur Faszination Tummermanns – eines besseren Winkels zum Fotografieren wegen sogar auf der Gepäckablage entlang, offenbar mit viel Übung.

solche Gruppe in voller Fahrt komplett übertönt, überzeugt sich Tummermann vor jedem Haltebahnhof, ob seine Unterlagen auch weiträumig genug ausgebreitet sind, um solche Leute wenigstens im Nahbereich abzuschrecken. (Und er ist beruhigt, dass seine Sitznachbarn das Gleiche tun.)

TIPP
Mögen Sie Ruhe (außer freitags und montags und im Berufsverkehr), klassische Musik, das Klicken von Laptop-Tastaturen und einen Hauch von Luxus und James Bond? Dann sollten Sie – vorausgesetzt, Sie können sich es leisten – mit Martin Tummermann und Gleichgesinnten die erste Wagenklasse teilen.

Die Zweitklässler: Rolf und Ulla

Dass Rolf und Ulla schon in Rente sind, ist kaum zu glauben, denn sie sind (obwohl rein figurmäßig eher kräftig gebaut) sehr aktiv. Nicht nur im Garten Ihres Hauses bei Grevenbroich, nein, drei-, viermal im Jahr gönnen sie sich mithilfe ihrer Bahncard 25 einen netten, kleinen Urlaub. Früher, als Rolf noch als Zerspannungsmechanikermeister arbeitete, sind sie höchstens zweimal im Jahr weggefahren, allerdings noch mit dem Mercedes, der Nachbarn wegen.

Seit einigen Jahren aber sehen Rolf und Ulla das lockerer, zumal ihr Nachbar, der früher immer den neueren Benz hatte, kurz vor der Rente noch arbeitslos geworden ist, danach erst kein Auto (und keine Frau) mehr hatte und sich dann vorwurfsvoll vor Rolfs und Ullas Garage aufgehängt hat. Seither nehmen sie bei längeren Reisen die Bahn, zumal Rolf im Dunklen nicht mehr so gut sieht – und weil immer ein Bistro und eine Toilette in der Nähe sind. Dazu gibt es in der Bahn, wenn man zeitlich flexibel ist, viele tolle Angebote. Es macht ihnen ja nichts aus, auch mal früh um 4.30 Uhr loszufahren oder zehn, zwölf Stunden zu warten, weil eine Umsteigeverbindung ausfällt.

Ein einziges Mal sind Rolf und Ulla sogar zum Frühbucherpreis in der ersten Klasse gefahren, was einerseits schön ist, denn dort bringt der Schaffner (wenn er das möchte) das Bier an den Platz. Andererseits gibt es dort aber so viele Anzugträger, die die ganze Zeit nur in ihren Laptop stieren und sich schon gestört fühlen, wenn man nur mal ein bisschen lustig ist. So ein ziegenbärtiger Beamtentyp ist Rolf besonders unangenehm in Erinnerung. Früher, als er noch arbeitete, war Rolf da wesentlich entspannter, aber das ist heute anders, deswegen fährt er lieber zweite Klasse, der netten Leute dort wegen, und holt sich das Bier selbst. (Ulla würde zwar gerne mal wieder erste Klasse fahren, aber auf sie kommt es nicht so an.)

Dieses Jahr waren Rolf und Ulla schon beim Bergwandern und Essen in Südtirol, im Harz, und beim Meerwandern und Essen in Büsum. Wo sie ehrlicherweise aber nur gegessen haben, weil das Meer, an dem sie wandern wollten, nie da war, dafür aber die Fußgängerzone mit vielen gemütlichen Kneipen, wo Scholle satt, Krabben, Bratkartoffeln, Speck ganz frisch und saftig aus der Pfanne kommen (so ähnlich wie die Nürnberger Rostbratwürstchen, die Rolf immer in der Bahn isst).

Und weil es da so gut geschmeckt hat, fahren sie jetzt wieder nach Büsum, zusammen mit Gabi und Peter. Die hatten anfangs Bedenken, des schlechten Wetters wegen, aber nun freuen sie sich auch schon auf die Fressgasse und das Bier. Und auf das Hotel, das gar nicht spießig, neu und etepetete ist wie andere Viersternehotels, sondern so gemütlich wie eine nette Pension: Man kann sich von Zimmer zu Zimmer durch die Wände hindurch ganz prima unterhalten (nur wenn jemand nebenan auf die Toilette geht, muss man des Geräuschs wegen bald selber), unten gibt es eine große Pilsbar und ein Frühstücksbüffet mit einer Riesenauswahl. Und, das ist auch ganz prima, fast jeden Tag kommt ein neuer Reisebus mit lauter netten Leuten an.

Gabi hat ihre Skatkarten mitgenommen, jetzt im Zug üben sie schon mal kräftig. Es macht einen Heidenspaß, sie kloppen die Karten auf den Tisch und juchzen, was niemanden stört, die Familie nebenan hat ja selber Kinder und kann deshalb ganz ruhig sein, und wer lesen oder schlafen will ,geht ja sowieso irgendwann murmelnd und augenrollend in den nächsten Wagen oder kauert sich in den Gang. Nur wenn sich mal einer dieser Leute im Anzug in die zweite Klasse verirrt (weil in der ersten Klasse wieder eine Toilette defekt und die zweite seit Stunden vom schlafenden Schaffner besetzt ist), verzieht der neidisch das Gesicht. Klar, kann halt nicht jeder nach Büsum fahren!

TIPP
Sind Sie immer gut drauf und gesellig und wollen noch etwas sehen von der Welt, können Sie stundenlang erzählen und schon mitten am Tag richtig feiern, dann fühlen Sie sich im Bordbistro und bei Rolf und Ulla in der zweiten Klasse besonders wohl.

Die Wechselklässler: Familie Petersberg

Michael Petersberg ist PR-Manager bei einem großen Unternehmen, das zwei Sorten Tierfutter herstellt (Multidog für den Hund und Multicat für die Katze). Er liebt seinen kreativen Job, und er liebt seine Frau Susanne und seine zwei Jungs Leo-Robin, 5, und Laurin-Leo, 3. Beruflich kommt Michael Petersberg viel rum, er hat mal in Basel, mal in Zürich, mal in Freiburg oder Regensburg zu tun. Er fährt immer mit der Bahn, sein Unternehmen spendiert ihm jedes Jahr die Bahncard 100, und er möchte gar keinen Dienstwagen haben. Erstens ist es im Zug wesentlich entspannter als im Auto (zumindest theoretisch). Und zweitens hält Michael Petersberg die Menschen, die allen Ernstes eine Zwei-Tonnen-Karosse nutzen, Unmengen von Sprit verbrauchen und Unmengen von CO_2 in die Luft blasen, einfach für plemplem. Er hat in seinem 37-jährigen Leben als Großstadtbewohner noch nie ein eigenes Auto gehabt (und seit er mit 20 den Passat seines Vaters an einer frei stehenden Ampel zu Schrott fuhr, hat ihm auch niemand mehr ein Auto geliehen). Denn mit so einem Auto hat man nichts als Scherereien, vom alltäglichen Wahnsinn der Parkplatzsuche – wenn sein Chef fluchend und mit Schwitzflecken zu spät ins Büro kommt, lächelt Petersberg nur süffisant und denkt an sein Fahrrad direkt vor der Tür – bis hin zu den ganzen Reparaturen und TÜV-Terminen.

Susanne Petersberg denkt ähnlich. Sie arbeitet seit Kurzem wieder stundenweise in einer Anwaltskanzlei, die sie ganz prima mit der U-Bahn erreicht, auch wenn ihre Chefin sie vermutlich für eine verrückte Öko-Tusse hält. Für den Fall, dass die Petersbergs mal ein Auto brauchen, sind sie Mitglied in einem Carsharing-Verein. In den Urlaub und zu den Großeltern fährt die ganze Familie mit der Bahn, mal in der ersten, mal in der zweiten Klasse.

Viel wichtiger als die Klasse ist für sie, einen großen Tisch zu kriegen. Einen Tisch, an dem Leo-Robin und Laurin-Leo sitzen und malen und Tierbücher angucken können. Denn klappt das nicht, werden sie quengelig und unausstehlich, und das, solange die Bahnfahrt dauert. Petersbergs wünschen sich natürlich darüber hinaus, dass dieser Tisch in einer Umgebung steht, in der man einerseits Verständnis für Kinder aufbringt (vor allem für einen Dreijährigen, der seine Stimmlautstärke noch nicht unter Kontrolle hat), die andererseits aber auch nicht von grölenden Bundeswehrsoldaten oder schwerhörigen Reisegruppen geprägt ist.

Aber, wie gesagt, das sind Wünsche. Wesentlich, nein: essenziell ist ein Tisch. Die Tischsuche, das sind auch die einzigen Minuten an der Bahnfahrt, die Michael Petersberg absolut hasst. Er hat sich schon vielfach mit Fahrkartenverkäuferinnen live und am Telefon angelegt, die behaupteten, alle Tische seien reserviert. (Als Vielbahnfahrer weiß Petersberg: das stimmt nicht, und schuld ist entweder das EDV-Programm oder die Frau, die es bedient.) Er hat das auch schon wutschnaubend an die Bahn geschrieben, und nach dem dritten Schreiben erhielt er als Dank für seine Anregung einen Gutschein für einen Kaffee im Bordrestaurant. (Der Servicemitarbeiter dort behauptete allerdings, der Gutschein sei eine billige Fälschung.)

So fällt Michael Petersberg bei jeder gemeinsamen Bahnfahrt die undankbare Aufgabe zu, unter Anwendung des »Tante-Emily-Tricks« mit hochgeklapptem Kragen in den Wagen zu stürzen und binnen längstens 7,8 Sekunden einen Tisch in der von Susanne gebuchten Wagenklasse aufzutreiben.

TIPP
Haben Sie Kinder und/oder denken Sie ganz pragmatisch, sollten Sie es so machen wie Familie Petersberg und mal erste, mal zweite Klasse wählen. Das ist nicht leicht. Aber es wird viel leichter, wenn Ihre Kinder erst mal groß sind ...

Selbst wenn Sie gezweifelt haben, wissen Sie jetzt ziemlich sicher, welche Wagenklasse zu Ihnen passt. Lassen Sie sich nun nicht mehr beirren und vertrauen Sie uns!

Worauf es bei der Sitzplatzwahl wirklich ankommt

Nun endlich wieder zurück zu dem Zeitpunkt, an dem Sie zu allem entschlossen das Abteil stürmen, um Ihren optimalen Sitzplatz zu finden. Denn mit der Klassenwahl ist es, wir erwähnten es bereits, leider nicht getan. Je nachdem, welche Wagenklasse Sie gewählt haben und welcher Bahnfahrertyp Sie also sind, sollten Sie in den längstens 7,8 Sekunden, die Ihnen bleiben, unbedingt noch folgende Punkte beachten:

Was machen Sie, wenn die Sonne durch die Fenster brennt?

Erstklässler: Suchen Sie unbedingt einen Platz auf der sonnenabgewandten Seite, es sei denn, Sie fahren ICE. (Denn aus Sparsamkeitsgründen gibt es Vorhänge oder Sonnenrollos längst nicht mehr in allen Bahntypen.)

Zweitklässler: Suchen Sie unbedingt einen Platz auf der Sonnenseite oder öffnen Sie die Vorhänge, soweit vorhanden, auch für Ihre Mitfahrer. Das Gerede von Hautkrebs war schon vor 60 Jahren übertrieben – oder haben die Strahlen Ihrer vom Baggersee ledergegerbten Haut etwa geschadet? Außerdem wirkt ein köstliches Bier erst richtig in der Sonne.

Wechselklässler: Cremen Sie vor allem die Kinder zu Hause mit Sonnenschutzcreme Faktor 28 ein. Man kann nie wissen, ob Ihnen nichts anderes als ein Tisch in der Sonne bleibt.

TIPP
Eine Sonnenbrille sollten Sie aber auch bei schlechtem Wetter tragen – damit Ihre Platzkonkurrenten, wenn Sie das Abteil stürmen, nicht erkennen können, welchen freien Sitz Sie fixieren.

Brauchen Sie unbedingt einen Sitzplatz mit Tisch?

Erstklässler: Natürlich brauchen Sie einen, denn Sie müssen arbeiten, schon weil Sie in der ersten Klasse fahren. Doch zugegeben: die Aussichten auf einen Tisch sind ohnehin nicht sehr groß; zunehmend sind die Tische auch in der ersten Klasse besetzt von spielenden Familien, oder eine lustige Gesellschaft stellt ihre Dosenbiere darauf ab. An den restlichen Tischen verteilen sich die Laptopbesitzer, die immer schon vor Ihnen da waren, und zwar genau so, dass an jedem Tisch genau einer sitzt (so können sie ungestörter Computer spielen).

Zweitklässler: Es ist praktisch, dass es in der Bahn auch in der zweiten Klasse immer mehr Tische gibt, nur zum Abstellen der Füße sind sie etwas zu hoch (die kann man besser auf den Sitz gegenüber legen). Sind Sie zu mehreren unterwegs, können Sie der Bequemlichkeit wegen auch mehrere Tische besetzen. Sie können sich dann ganz ungezwungen von Tisch zu Tisch unterhalten – insbesondere wenn Sie als Mitglied eines Fußballvereins reisen.

Wechselklässler: Keine Frage. Nur meist ist keiner frei. Nicht mal im ICE-Kleinkinderabteil. Das ist meist von Familien mit 16- bis 18-Jährigen nebst drei Tanten und Onkels überfüllt, und falls nicht, benötigen es die Zugbegleiter, um dort ihre Pilotenkoffer abzustellen.

Was ist die richtige Fahrtrichtung?

Erstklässler: Gehören Sie zu den Menschen, denen schlecht
wird, wenn sie entgegen der Fahrtrichtung Zug fahren? Dann
scheidet etwa die Hälfte aller Sitzplätze für Sie aus. Aber selbst
wenn Sie das Glück haben, einen Sitzplatz in Fahrtrichtung
zu erwischen – Vorsicht: In Sackbahnhöfen wie Frankfurt
am Main, Stuttgart, München oder Leipzig ändert sich die
Fahrtrichtung des Zuges unverhofft.

Zweitklässler: Wenn Ihnen schlecht wird, dann nicht vom
Rückwärtsfahren, aber Sie vertragen eine Menge. Und es fahren ja keine ICEs mit Neigetechnik mehr. (Es heißt in Bahn-
kreisen, zwischen Jena und der bayerischen Landesgrenze
hätten selbst abgebrühte Lokführer nicht mehr an sich halten können, was die Reinigungskosten der Führerstände un-
vertretbar stark in die Höhe getrieben habe. Aber Sie sind ja
auch kein Lokführer.) Also: Prost!

Wechselklässler: Eine Luxusfrage, die man sich als platz-
suchende Familie nicht leisten kann. Und brechen tun die
Kleinen sowieso.

Wie weit entfernt ist das Bistro?

Haben Sie tatsächlich vor, auf der Fahrt Hunger oder Durst und fatalerweise keinen Proviant dabeizuhaben? (Wir haben Sie wiederholt vor solchen Dummheiten gewarnt – Bahnfahren ist kein Kindergeburtstag!)

Erstklässler: In der ersten Klasse eines ICE können Sie vielleicht noch hoffen, auf einen Zugbegleiter zu treffen, der Sie bittet, Ihr Zeug selber zu holen.

Zweitklässler: In der zweiten Klasse sind Sie in allen Zugtypen ganz auf sich gestellt, was dort, wo es ein Bistro gibt, keine große Schwierigkeit wäre, wenn nicht sämtliche Gänge auf dem Weg zum Bistro von all den armen Schweinen verstopft wären, die überhaupt keinen Platz bekommen haben. Und dann gibt es noch die Pendelbewegungen des Zuges während der Fahrt, die bewirken, dass nach zwei durchquerten Großraumwagen von einem für 2,70 Euro gekauften Kaffee nur noch die Hälfte im Becher bleibt.

Wechselklässler: Als Familie hat man immer genug Proviant dabei, zumindest für die reguläre Fahrzeit des Zuges (die allerdings sehr relativ ist). Trotzdem macht es den Kindern viel Freude, ungefähr zehn- bis zwanzigmal pro Stunde bis zum Bordrestaurant zu laufen und wieder zurück. Aber keine Gefahr: Die Zugtüren können sich nicht von selber öffnen. Wenn Sie das nicht glauben, gehen Sie doch mit und spielen Sie auf dem Rückweg zwischen den Sitzplätzen Fangen oder Verstecken. Kinder brauchen nun mal Bewegung und wollen, ebenso wie ihre Eltern, nach Herzenslust quieken und brüllen.

Benötigen Sie Licht zum Lesen?

Erstklässler: In der ersten Klasse gehört Lesen dazu, zumindest das sorgfältige Lesen des Faltblatts »Ihr Fahrplan«. Rein technisch ist das kein Problem, alle Plätze der ersten Klasse sind ausreichend gut mit Beleuchtungsmöglichkeiten ausgestattet – gelegentlich funktionieren sogar die Birnen.

Zweitklässler: Mitreisende klagen immer wieder, dass selbst in ICEs die elektrische Beleuchtung in der zweiten Klasse so schlecht ist, dass sie zum Lesen eines Buches gerade nicht mehr reicht. Zugbegleiter erzählen kichernd, dass das volle Absicht ist. Sie selber haben Besseres zu tun, als im Zug ein Buch zu lesen, man ist ja schließlich nicht mehr in der Schule. Außerdem wissen sie nicht, was die alle haben: Die BILD-Zeitung schafft man selbst bei diesem Licht doch prima.

Wechselklässler: Malen kann man in der zweiten gerade noch. Wollen Sie aber sicher sein, dass es mit dem Lesen klappt, sollten Sie nach Einbruch der Dunkelheit unter Hinweis auf die ansteckenden Krankheiten Ihrer Kinder in die deutlich leerere erste Klasse wechseln.

Brauchen Sie eine Steckdose?

Erstklässler: Es kann sein, dass Sie, wie 92 Prozent der Bevölkerung, noch einen jener Laptops haben, dessen Akku nach zwei, drei Stunden leer ist, ohne dass Sie fertig wären. In modernen ICE-Wagen gibt es in der ersten Klasse Steckdosen am Platz. Doch es gibt nur wenige dieser modernen Wagen, und sie werden nie eingesetzt, wenn Sie darauf angewiesen sind. (Dafür gibt es bald Wagen mit Internet-Zugang, was aber auch nicht hilft.)

In den ICE-Wagen älterer Bauart gibt es zwar auch Steckdosen, jeweils eine neben der Tür des Großraumabteils. Machen Sie sich jedoch nicht die Mühe, zu versuchen, notfalls mithilfe eines Bestechungsgelds auf einen der daneben gelegenen Plätze zu gelangen, egal, wie verzweifelt Sie auch sind, weil Ihre Präsentation noch nicht fertig ist: Bei den Steckdosen handelt es sich um Attrappen.

Anders hingegen bei den Steckdosen in den WCs älterer Intercitys. Mit ein wenig Geschick können Sie sich mit den Toilettengängern so arrangieren, dass Sie immer wieder ein paar Minuten vor dem Waschtisch knien und arbeiten können (sofern nicht jemand anders schon einen Tisch in der Toilette aufgeklappt hat). Vorausgesetzt, Sie ertragen den Geruch lange genug.

Zweitklässler: Wofür Strom? Wenn es wirklich dunkel wird, schwenken Sie ihre Feuerzeuge.

Wechselklässler: Eher nicht. Sie sind ganz froh, wenn Ihre Kids ihr ganzes Elektrospielzeug wie den weinenden Winnie Puh oder einen sabbernden, quietschgrünen Teletubbie mal drei Stunden nicht benutzen. (Deshalb haben Sie auch heute Nacht alle Akkus entladen.)

Nehmen Sie vier Ohrstöpsel mit. Diese alten Intercity-
WCs sind kaum schallgedämmt. Und die meisten
Ohrstöpsel passen notfalls auch in die Nase.

Die wichtigste Frage: Wollen Sie schlafen oder telefonieren?

Wir geben zu, dass diese beiden Wünsche einander ausschließen. Schlafen können Sie überall dort, wo andere nicht zu laut
telefonieren. Telefonieren können Sie allerdings auch dort,
wo andere schlafen (zumindest, bis Sie telefonieren). Und Sie
können nie sicher sein, dass andere, wenn Sie schlafen, nicht
auch auf diesen Gedanken kommen. Ausgenommen sind in
manchen ICEs durch Symbole gekennzeichnete handyfreie
Zonen. Diese umfassen meist nur ein halbes Großraumabteil,
wobei die Sitze in den Randzonen aus der anderen Hälfte
des Wagens mitbeschallt werden und die inneren Sitze meist
schon von Zugbegleitern belegt sind, die in Ruhe mit ihrer
geschiedenen Frau telefonieren wollen.

Was das Schlafen angeht, geben wir weiterhin zu, dass es
völlig unmöglich ist, sich in einem normalen Zug unter dem
Hochdruck des Einsteigens zielsicher auf einen Sitzplatz zu
stürzen, auf dem man nachher garantiert einschlafen kann.
Und selbst wenn Sie das geschafft haben, kommt dann die
Familie, die aus dem Kleinkinderabteil geflogen ist, weil die
17-jährigen Kids zu laut waren, und die sich lautstark und
mit der Faust auf den gemeinsamen Tisch hauend über so
viel Willkür ärgert.

Wollen Sie ernsthaft versuchen zu schlafen, nehmen Sie
lieber gleich einen Zug mit Schlaf- oder Liegewagen. Diese
haben den Vorteil, dass sie ausschließlich nachts fahren, alle

Beteiligten also schon von vornherein wissen, woran sie sind. Es gibt diverse Modelle, vom einfachen Schlafsitz, der zwar preisgünstig ist, bei dem aber die Socken des Sitznachbarn darüber entscheiden, ob die Reise ein Desaster wird, über den Sechser-Liegewagen, in dem es noch mehr nach Socken riecht und alle beim Aussteigen dem Untersten die Hand quetschen, bis hin zum luxuriösen rollenden Hotelzimmer mit Schrank, eigenem Bad und Klimaanlage, wie man es aus älteren James-Bond-Filmen kennt. (Dort stand allerdings noch der zähnebleckende »Beißer« im Schrank; die Bahn hat ihn im Vorfeld des Börsenganges eingespart.) Der fehlende Sockengeruch wird in diesen Abteilen durch Pilzgeruch aus der Klimaanlage ersetzt.

Allen Schlaf- und Liegewagenmodellen gemeinsam ist, dass es zwar sehr praktisch ist, dass man schlafen kann und zugleich seinem Ziel entgegenrollt. Allerdings ist es nur für Geübte möglich, bei dem Geratter und Gerumpel tatsächlich zu schlafen. (Wie wir wissen, fand selbst jemand wie James Bond, nachdem er den »Beißer« aus dem Fenster geworfen hatte, im Schlafwagen keinen Schlaf.)

Nachdem Schlaf- und Liegewagenzüge längere Zeit als Geheimtipp für Ruhebedürftige galten, werden sie in letzter Zeit wieder häufiger frequentiert – meist von Wochenendheimfahrern, die infolge mehrfachen Umsteigenmüssens auf Dauer nie eine echte Chance hatten, ihren Wohnort am Wochenende wirklich zu erreichen. Mit dem Schlafwagen erreichen sie ihren Wohnort zwar auch nicht schneller – wenn sie ihn überhaupt erreichen –, aber dort wartet ohnehin längst niemand mehr auf sie. So macht es nichts aus, wenn sie kurz nach dem Eintreffen dort (oder an einem beliebigen anderen Bahnhof) wieder den Nachtzug in die

Gegenrichtung besteigen, um Montag früh pünktlich in der Firma zu sein.

Solche »Wochenendheimfahrer ohne Heim« zeigen sich mit dieser Lösung erstaunlich zufrieden, zumal sie die Miete für die Hauptwohnung sparen.

Der Gewöhnungs- (Bahnsoziologen sprechen auch vom Resignationseffekt) ist sogar so stark, dass viele von ihnen selbst nach dem Ausscheiden aus dem Berufsleben regelmäßig im Nachtzug hin- und herpendeln. Oder sogar auch ihre Zweitwohnung ganz aufgeben und fortan nur noch im Nachtzug Berlin–München, Hamburg–München oder gar Hamburg–Paris leben. Oder auch nicht mehr leben. Beim gelegentlichen Reinigen vor allem der preisgünstigeren Sitz- und Liegewagenklassen werden immer häufiger mumifizierte Leichen gefunden. (Bei Mumien mit noch gültiger Bahncard verzichtet die Bahn aus Kulanz auf das erhöhte Beförderungsgeld.)[15]

TIPP

Nehmen Sie, egal, ob Sie so wahnwitzig sind, im normalen Zug schlafen zu wollen, oder ob Sie lieber einen echten Nachtzug nehmen, nicht nur Ohrenstöpsel mit, sondern auch verlässliche Schlafmittel oder einen Kasten Bier beziehungsweise einige Flaschen starken Rotwein, um trotz Geratter die erforderliche

---

15   Die Bahnführung hat hier eine Marktlücke erkannt und plant nach dem Börsengang, dieses Geschäftsfeld in großem Stil auszubauen: Die aktuellen Pläne sehen vor, veraltete Züge, die zu langsam für den Tagesverkehr sind, mit geringem Aufwand und Holzpritschen zu Schlaf- und Liegewagen umzurüsten, die als »mobile Seniorenresidenzen« auf nicht mehr benutzten Nebenstrecken hin- und herpendeln sollen. Berater der Bahn sprechen von einem »attraktiven Gegenmodell zu überteuerten Reisen auf Kreuzfahrtschiffen«.

Bettschwere zu erreichen. Sie werden zwar wie gerädert sein, wenn Sie vor Sonnenaufgang in Berlin aus dem Zug taumeln. Aber ohne das Zeug sind Sie erst recht gerädert.

Wir geben zu: Es gibt nicht immer optimale Bedingungen. Sie werden, wenn Sie einen Wagen stürmen (hinter sich die Hunnen) nicht jedes Mal Gelegenheit haben, alle hier angeführten Punkte im Geiste durchzugehen. Oft bleibt Ihnen nichts anderes übrig, als auf den nächstbesten Sitz zu hechten, einfach weil es der einzige unbesetzte ist – zumindest bis dessen Be-Sitzer von der Toilette zurückkehrt (oder bis ein nach Ihnen Gekommener so hinterhältig ist, Mantel und Gepäck im Gang liegen zu lassen und sich als Alt-Besitzer auszugeben). Und auch das Umfeld, das Sie vorfinden, kann sich von einer Sekunde zur nächsten komplett ändern, wenn nur ein einziger nerviger Telefonierer aussteigt, sich eine einzige Familie niederlässt, die absolut nichts von Erziehung hält oder die einfach nur verdammt laut Musik hört.

Strategien zum Umgang mit solchen Menschen finden Sie weiter hinten. Wir wünschen Ihnen nun erst mal viel Glück!

TIPP
Und wie gesagt: Nehmen Sie Ohrstöpsel mit!

NOTGEPÄCK:
Die Liste zum Überleben

Was Sie auf eine Reise mit der Bahn mitnehmen sollten, um kritische Eventualitäten ohne Schaden zu überstehen:

SPEISEN UND GETRÄNKE

Wasservorrat für mindestens sechs Tage (1,5 Liter pro Tag)
Bundeswehrrationen für die doppelte Reisedauer (mindestens 1000 Kalorien pro Tag)
Lagerfähige Äpfel (zur Deckung des Vitaminbedarfs und zur Vorbeugung gegen Skorbut)
Großpackung zuckerfreies Kaugummi (zur Zahnreinigung und Nervenberuhigung)

KLEIDUNG

Wechselwäsche für drei Tage (damit können Sie notfalls sechs Tage überbrücken)
Warme, winterfeste Kleidung, Taschenofen, dicke Wollsocken, Handschuhe (ganzjährig mitführen, Sie wissen nicht, wo Sie landen, und vor allem, was die Klimaanlage tut)
Leichte Sommerkleidung, möglichst aus Leinen, kurze Hosen, Sandalen (ganzjährig mitführen, Sie wissen nicht, wo Sie landen, und vor allem, was die Klimaanlage tut)
Kulturbeutel mit den notwendigsten Utensilien zur Körperpflege (Denken Sie allerdings daran, dass Ihnen unter Umständen kein frisches Wasser zur Verfügung steht)
Festes Schuhwerk (für Gewaltmärsche durch den Regenwald, Wüstenzonen oder die Tundra)

AUSWEISPAPIERE

Personalausweis und Reisepass (möglicherweise verlässt Ihr Zug die EU)
Polizeiliches Führungszeugnis (vereinfacht die Prozedur bei der Bundespolizei in Gronau)
Führerschein (für die Autovermietung, die Sie über kurz oder lang benötigen)
Seepferdchen-/Delphin-/Freischwimmer-Ausweis (Man weiß ja nie …)

ZAHLUNGSMITTEL

Ausreichend Bargeld (auf Mittelstrecken sind ca. 500,-

in der Regel ausreichend,
um Ersatzfahrkarten und
ungerechtfertigte erhöhte
Beförderungsgelder zu begleichen)
Kreditkarte (für
Hotelübernachtung in Gronau)
Ersatz-Kreditkarte (wenn die erste
am Automaten eingezogen wurde)
Weitere Ersatz-Kreditkarte (falls
das Limit der zweiten nicht reicht)
Traveller-Checks (falls Sie in
Länder geraten, die europäische
Zahlungsmittel nicht akzeptieren)

UNTERHALTUNGSMEDIEN
Tageszeitung, Wochenmagazin,
Zeitschriften, Wochenzeitung
(Sie werden viel Zeit haben)
Bücher, bevorzugt Trilogien oder
Zyklen (Sie werden viel Zeit haben)
Hörbücher (Sie werden
viel Zeit haben)
Laptop mit DVD-Spieler
und Internetzugang (Sie
werden viel Zeit haben)
Zubehör für die genannten
elektronischen Medien (Denken Sie
an einen Extravorrat Batterien!)

SONSTIGES
Landkarten verschiedener
Maßstäbe, Stadtpläne der 50
größten Städte Deutschlands
(Besser noch ist ein tragbares
Navigationssystem, das allerdings
gerade in den Gegenden,
in denen Sie überraschend
den Zug verlassen müssen,
nicht funktionieren wird)
Vierkantschlüssel (damit haben
Sie Zugang in viele geheime
Bereiche der Bahnwelt;
außerdem sind Sie damit besser
aufgestellt als der Zugtechniker)
Mobiler Scanner/Drucker (damit
Sie ggf. vor Ort notwendige Kopien
von Fahrkarten und anderen
Ausweisen anfertigen können)
Niederdruck-Hochfrequenz-
Dampfreiniger der Firma Palux
(Warum, können wir Ihnen auch
nicht sagen – aber wir bekommen
viel Geld dafür, dass das hier steht)

Ein bis zwei Freunde
oder bezahlte Träger.
Wie wollen Sie sonst den
ganzen Kram transportieren?

Vom richtigen Umgang mit dem Zugbegleiter

Sie haben einen Platz? Noch einmal Gratulation – auch wenn es nicht der Platz ist, den Sie sich vorgestellt haben, auch wenn es nicht einmal der Platz gegenüber dem Platz ist, den Sie sich vorgestellt haben. Egal. Lehnen Sie sich zurück (sofern die Lehne des Sitzes nicht defekt ist und sofern die im Abteilgang Stehenden und Sich-an-Ihrer-Lehne-Abstützenden Sie lassen). Atmen Sie ruhig und entspannt und versuchen Sie sich zu erholen, bevor der Zugbegleiter kommt.

Denn – wir erwähnten es weiter vorn bereits – Zugbegleiter ist kein ganz einfacher Beruf. Vor allem, wenn man von konzerneigenen Kontrolleuren beim Schlafen im Erste-Klasse-Abteil mit den Füßen auf dem Sitz erwischt wurde (und die Reinigungskosten für das Polster im Voraus vom Weihnachtsgeld abgezogen wurden). Zugbegleiter Kurt Schmöller, ein gestandener Mann, der in seinem Inneren gar kein so harter Hund ist, wie er nach außen tut, findet es vor allem ungerecht, dass er nach diesem kleinen Fauxpas unter ständiger Beobachtung der Personalabteilung steht, die nichts lieber täte, als ihn noch vor dem Börsengang abzubauen – diese beiden Asiaten beispielsweise, die immer mitfahren und sich so verdächtig benehmen, sind, das weiß Schmöller hundertprozentig, über ein chinesisches Callcenter angeheuerte Detektive, die ihm irgendetwas nachweisen sollen.

Deswegen Schmöllers gnadenlose Korrektheit im Umgang mit Schwarzfahrern und solchen, die es sein könnten (die aber in Wirklichkeit gut getarnte, von der Bahnspitze bezahlte Provokateure sind, also Schmöllers Ärger zu Recht auf sich ziehen). Deswegen auch Schmöllers gnadenlose Korrektheit bei den Fahrkarten: In Regionalzügen permanent, in überregionalen Zügen und ICEs mehrfach pro Fahrt begibt er sich auf Kontrollgang durch den Zug. Wer an ihm vorbeiwill, den hält er mit einem barschen »Halt! Kontrolle!« auf, verlangt die Fahrkarte und verzieht bei Ausreden wie »Die hat meine Frau acht Wagen weiter, ich muss dringend auf die Toilette, da hinten sind alle defekt« keine Miene. Wer seine Anweisung, sofort zurückzugehen und die entsprechende Karte zu holen, sonst dürfe man nicht »passieren« (er hat diesen Ausdruck aus einem Film, den er spätnachts nach Dienstende in einem trostlosen Intercity-Hotel sah), wer diese Anweisung zu ignorieren wagt, der begibt sich mutwillig in Gefahr.

Natürlich tut es Schmöller im Grunde seines Herzens leid, wenn er Männer und Frauen, die auf dem Weg zur Toilette sind, gebeugt und ächzend zurückschicken muss. Drei- oder viermal hat er schon erlebt, dass jemand es nicht mehr schaffte, flehte, schrie, ihn wie von Sinnen verfluchte und er am nächsten Haltepunkt ein Schnellputzteam im Zug brauchte – was allerdings (sagte ihm ein Kumpel vom Geschäftsbereich Geschäfte) in der Summe immer noch billiger kommt, als die Toiletten permanent zu öffnen und sauber zu halten.

Es tut ihm auch leid, Paare trennen zu müssen, von denen der erste beide Fahrkarten hat und der zweite sich nicht so schnell durch die Rucksackträger kämpfen konnte. Und es tut ihm ebenso leid, wenn er Kinder, die im Zug spielend hin- und herrennen, natürlich ohne Fahrkarte, als mutmaßlich elternlos dem Bundesgrenzschutz übergeben muss. Das heißt müsste, denn bei Kindern, das erzählt Kurt Schmöller immer stolz am Eisenbahnerstammtisch, bei Kindern hat er ein weiches Herz und macht eine Ausnahme: Er lässt sie »passieren«. Irgendwann kommt ein panisches Elternteil angehetzt, das in zwei Minuten am anderen Ende des Zuges aussteigen muss, möglichst mit Kind. Was unmöglich ist, denn es gibt von Schmöller eine genau dreiminütige Standpauke, und das Elternteil kann dann so schnell zurückhetzen, wie es will, es schafft es nicht mehr, sich samt Kind und Gepäck rechtzeitig aus dem abfahrenden Zug zu werfen. Das ist, weiß Schmöller, viel wirkungsvoller als die Bundespolizei. Außerdem rennen heutzutage so viele Kinder im Zug hin und her, dass das ständige Halten und Übergeben der Kleinen enorme Verspätungen nach sich ziehen würde, noch enormere, als die Züge ohnehin schon haben.

Wie geht man also mit einem Mann wie Kurt Schmöller um? Denn Schmöller ist noch aus einem anderen Grund frustriert, und der heißt Walter Ferdinand. Das ist sein Zugführer, verdient mehr als Schmöller und trägt seine Nase ziemlich hoch dafür, dass er sich den ganzen Tag im Zugbegleiterraum dem Entwerfen, Verfassen, Aufschreiben, Redigieren und Verlesen von Durchsagen widmet und Kurt Schmöller und zwei bis drei weiteren Zugbegleitern die ganze Arbeit überlässt. »Ihr versteht, Jungs«, pflegt Walter Ferdinand zu sagen, »für Kreativität braucht man Ruhe. Also geht und kontrolliert! Und bringt mir einen Tee mit Milch mit. Aber nicht einen von den Tees für die Fahrgäste. Einen heißen!«. Begegnet man Kurt Schmöller, unmittelbar nachdem er wieder einmal so losgeschickt wurde, hat man ohnehin Pech.

Und sonst?

»Die Fahrkarten bitte«

Wird man von Kurt Schmöller kontrolliert, gibt es genau zwei Möglichkeiten: Entweder es ist alles in Ordnung. Oder eben nicht.

Alles in Ordnung ist dann, wenn Kurt Schmöller einen unkomplizierten Tag hat, wenn Sie über ein gültiges, reguläres Ticket der Klasse verfügen, in der Sie auch sitzen – und wenn, natürlich, Sie sich im richtigen Zug befinden.

Doch auch wenn das alles stimmt, sollten Sie Kurt Schmöller niemals darauf aufmerksam machen, dass er Sie schon zum dritten Mal in Folge kontrolliert, oder ihn fragen, ob ihm das nicht langweilig werde: Schmöller wird nichts sagen und sich mit mahlenden Kiefern zurückziehen. Um Sie dann, wenn Sie dringend auf die Toilette müssen, abzupassen und auf dem kurzen Hin- und auf dem Rückweg jeweils zweimal Ihr Ticket zu verlangen. Um die Toilette abzusperren, bevor Sie sie erreichen. Oder auch um ein »Reserviert«-Schild in die Halterung über Ihrem Sitz zu schieben, während Sie auf der Toilette sind – beziehungsweise um währenddessen Ihr »Reserviert«-Schild herauszuziehen und eine ältere, ertaubte Dame auf Ihren Platz zu setzen. Letzteres macht er besonders gern. Abends, in seinem kargen Eisenbahnerapartement, denkt er dann nach dem fünften Bier an Ihr dämliches Gesicht beim Wiederkommen und kichert, bis er einschläft.

Aber wehe, es ist etwas nicht in Ordnung. Wir meinen damit nicht den fürchterlichen Fall (der jederzeit vorkommen kann), dass Sie aus Versehen ein für diesen Zug ungültiges Ticket hätten: Sie haben weiter vorne gelesen, wie Kurt Schmöller mit jenen umgeht, die über gar kein Ticket verfügen. Bei einem falschen geht er davon aus, dass man ihn im Auftrag der Bahnspitze hinters Licht führen will, und ist doppelt verärgert. So finden sich immer wieder auch ausländische Deutschlandreisende, die durch geringe Sprachkenntnisse und entsprechend geringe Kenntnis des Tarifierungssystems der Bahn gehandicapt sind, nach einer Begegnung mit Kurt Schmöller auf irgendeiner gottverlassenen, sonst nicht mehr angefahrenen Station in Mecklenburg-Vorpommern wieder. Und prägen mit ihren Erzählungen das im Ausland vorherrschende Bild der Deutschen.

TIPP

Haben Sie ein falsches Ticket, sollten Sie, selbst wenn Sie meinen, unschuldig zu sein, eine Begegnung mit Kurt Schmöller unbedingt vermeiden. Hat er Sie schon durch den ganzen Zug gejagt, versuchen Sie, sich bis zum nächsten Halt in einer Toilette einzusperren. Keine Sorge: Er wird nicht wagen, die Tür aufzubrechen, weil er dabei den Rahmen beschädigen könnte (und das wird ihm umgehend vom Gehalt abgezogen). Verlassen Sie den Zug an der nächsten Station in dem Moment, in dem Schmöller die Tür freigeben muss, um draußen das Signal zur Abfahrt zu geben. Zögern Sie nicht, Ihr Gepäck oder Verwandte zurückzulassen: Sie haben meist nur die eine Chance.

Nein, »nicht in Ordnung« ist es aus Kurt Schmöllers Sicht, wenn Sie ihn mit einer Frage behelligen – genau das nämlich tun die Spitzel der Bahnspitze auch immer. Denn Schmöller muss laut Dienstvorschrift antworten, wenn eine Frage erkennbar an ihn gerichtet wird. Die Art, wie er antwortet, bewerten Undercover-Bahnkontrolleure auf einer Viererskala (korrekt – unhöflich – beleidigend – aggressiv). Allerdings wird nichts weiter bewertet als die Form;

auf den Inhalt, ob also die Auskunft richtig oder falsch ist, kommt es – das hat die Zugbegleiter-Gewerkschaft erreicht – keineswegs an.[16]

Also läuft ein solcher Dialog mit Schmöller immer ungefähr folgendermaßen ab:

SCHMÖLLER: Ihre Fahrkarte.
FAHRGAST (reicht sie ihm): Entschuldigen Sie bitte: Wann werden wir in Stuttgart sein?
SCHMÖLLER: Keine Ahnung!
FAHRGAST (schweigt entgeistert und erfährt später per Durchsage, dass dieser Zug eben in Stuttgart war)

Kompliziertere Fragen behandelt Kurt Schmöller folgendermaßen:

FAHRGAST: Entschuldigen Sie bitte: Wie komme ich in Stuttgart zum Zug nach Göppingen?
SCHMÖLLER: Zu Fuß.
FAHRGAST (nach einer verblüfften Pause): Hahaha. Aber im Ernst: Von welchem Gleis fährt dieser Zug ab? Hallo?
SCHMÖLLER (sich widerwillig umdrehend): Am besten, Sie fragen am Infopunkt auf dem Bahnhof nach.

---

16 Die Gewerkschaft argumentierte, ureigenste Aufgabe eines Zugbegleiters sei das Begleiten von Zügen und die Kontrolle der Fahrgäste, notfalls mit Waffengewalt; in den letzten 100 Jahren sei noch das Entwerten von Fahrkarten und das Beantworten von Fragen hinzugekommen. Dass diese Fragen richtig zu beantworten seien, könne hingegen niemand verlangen – eine Einschätzung, der sich drei Arbeitsgerichte angesichts des damals noch hohen Anteils der ohne weitere Voraussetzungen lebenslang Verbeamteten anschlossen.

FAHRGAST (säuerlich): Wissen Sie denn wenigstens, WANN der Zug fährt?

SCHMÖLLER: Um 15:43 Uhr.

FAHRGAST: Das wird knapp. Wir kommen um 15:40 Uhr an.

SCHMÖLLER: Voraussichtlich vier Minuten später. Aus technischen Gründen. Bislang sind es jedenfalls vier Minuten. Es kann aber auch noch mehr werden.

FAHRGAST: Wartet der Zug nach Göppingen auf uns?

SCHMÖLLER: Manchmal wartet er.

FAHRGAST: Äh – wann macht er das? Ich habe einen wichtigen Termin in Göppingen …

SCHMÖLLER: Er wartet, wenn der Zugführer eines höherrangigen Zuges dies anfordert. Wenn jemand einen wichtigen Termin hat zum Beispiel. Also, ich fürchte, ich kann Ihnen nicht helfen.
(wendet sich wieder zum Gehen).

FAHRGAST: Aber, warten Sie … Ich HABE einen wichtigen Termin! Ein Gespräch mit einem wichtigen Auftraggeber. Wenn das nicht zustande kommt, ist meine Firma ruiniert, sitzen alle sechzehn Angestellten auf der Straße, kann ich mich aufhängen. Und Sie, Sie sind doch der Zugführer! Bitte, könnten Sie nicht fragen, ob der Zug wartet? Ich wäre Ihnen ungeheuer dankbar, lieber Herr Zugführer, wirklich …

SCHMÖLLER (geschmeichelt): Ich werde sehen, was sich machen lässt. Ich sage Ihnen Bescheid.

Er verschwindet, um nie mehr wiederzukommen. In Stuttgart fährt der Zug nach Göppingen in exakt dem Augenblick ab, in dem der Fahrgast, in einer Hand den Koffer, die andere wild schwenkend, den Bahnsteig erreicht. Aus dem einzigen funktionierenden Lautsprecher am Bahnsteig dröhnt diabolisches Gelächter.

Es empfiehlt sich also, gegenüber einem Zugbegleiter mit Fragen tunlichst zurückhaltend zu sein. Wenn Sie es sich nicht verkneifen können und doch fragen, gilt dasselbe wie bei Online-Buchungen und dem Fahrkartenkauf über Hotline und am Schalter: Überprüfen Sie alle Auskünfte mindestens einmal anderswo (also rufen Sie zum Beispiel aus dem Zug bei der Hotline an und bitten Sie Bekannte, für Sie im Internet nachzusehen).

TIPP
Haben Sie keine weitere Möglichkeit der Gegenkontrolle, fragen Sie wenigstens alle drei bis vier Zugbegleiter, die in dem Zug unterwegs sind. Sollten Sie vier oder fünf verschiedene Auskünfte bekommen – was haben Sie erwartet?

Schon wieder in den harten Händen von Kurt Schmöller

Was aber, wenn auch aus Ihrer Sicht etwas »nicht in Ordnung« ist? Wenn Sie auf eine Auskunft angewiesen sind, beispielsweise weil der Zug, in dem Sie sitzen, um in Leipzig in Richtung Braunschweig umzusteigen, sich plötzlich verlangsamt und auf freier Strecke stehen bleibt? In solchen Fällen, wir erwähnten es, ziehen sich sämtliche Zugbegleiter umgehend in freie Toiletten, das Kleinkinderabteil oder auch (obwohl ungern, weil man sie dort ja vermutet) in das Zugpersonalabteil zurück. Und der Zugführer wartet darauf, dass ihn der Lokführer, die Leitstelle oder ein zufälligerweise vorbeikommender Passant über die Ursache informiert, damit er eine kurze Ansprache entwerfen kann.

Das kann, je nachdem wann der Passant vorbeikommt, bis zu ein oder zwei Stunden dauern.

Will der Zugführer dann seine kurze Ansprache in das übersetzen, was er für Englisch hält, benötigt er noch einmal etwa genauso lange – er muss immerhin über Handy seine Frau, seinen zahnlosen alten Englischlehrer und den zwölfjährigen Sohn seiner Nachbarn anrufen, der gut in Englisch ist, aber gerade seinen Selbstverteidigungskurs absolviert, aus dem man ihn nicht herausholen kann.

Würde der Zugführer seine Ansprache schließlich noch korrigieren und auf inhaltliche Fehler überprüfen (nicht existente Zugverbindungen, untertriebene Wartezeiten, falsche Gründe für das Stehenbleiben, völlig falsche Durchsagen), könnte das im Anschluss leicht eine weitere Stunde kosten.

Weshalb jeder erfahrene Zugführer auf diesen Schritt verzichtet und nach fünf, sechs Leseproben seine Durchsage live über die knackenden Lautsprecher schickt.

Diese Durchsagen aus gegebenem Anlass haben nichts mit den Routinedurchsagen gemein, die jeder Zugführer nach spätestens ein paar Jahren im Dienst fertig ausformuliert mit sich führt und die sich etwa so anhören wie neulich im IC 2009 von Stralsund nach Frankfurt/Main: »Die Deutsche Bahn führt Ihnen einen guten Start in die … äh Woche. Zu jedem Kaffee, heiß …, äh zu jedem Getränk, zu jedem heißen Getränk reichen wir Ihnen kostenlos eine kleine, eine äh… Knox. Frühstück. Das Bordbistrorant befindet sich in der Mitte des Zuges. Vorne. Das Bistro ist nun geöffnet. Vielen Dank.« (Die englische Fassung lag uns bei Drucklegung dieses Buches noch nicht vor.)

Nein, wir meinen Durchsagen etwa des Inhaltes, warum dieser Zug immer noch steht und wie lange er noch stehen wird.

Aber was tut man, wenn diese ausbleiben? Als Leser dieses Überlebensführers wissen Sie, was in dem Fall zu tun ist: Sie durchkämmen den Zug, bis Sie Kurt Schmöller finden. Er sitzt in der hintersten Ecke des Bordrestaurants und trinkt ein Bier, um für einen ganz normalen Fahrgast gehalten zu werden. Einzig Uniform und ausweichender Blick verraten ihn.

Wie Sie Kurt Schmöller zum Reden bringen

Vorsicht: Stürzen Sie um Himmels willen nicht auf ihn zu und löchern ihn mit Ihren aus Ihrer Sicht zwar völlig berechtigten, aus seiner Sicht hingegen sehr, sehr lästigen Fragen. Bewahren Sie stattdessen Ruhe und Contenance: Dieser Mann mit den verhärmten Gesichtszügen und der leichten Fahne ist vermutlich der Einzige, der Ihnen verraten kann, wie lange der unverhoffte Aufenthalt 370 Meter vor Jena Paradies dauern wird. Es kann sich nur um ein paar Minuten handeln. Es kann aber auch sein, dass der Zug sich erst in ein bis zwei Tagen wieder in Bewegung setzen wird. Oder nie. (In dem Fall sollten Sie unbedingt im Restaurant bleiben, um alles, was Sie noch kriegen können, in sich hineinzustopfen.)

Was also tun Sie?

Wir müssen uns hier leider wiederholen: Am meisten erreichen Sie bei Schmöller, wenn Sie sich ihm mit einem freundschaftlichen Nicken nähern, einem, das viel Verständnis für seine trostlose Lage umfasst – und im Ernst: Immerhin muss er hier arbeiten, während Sie höchstens auf dem Weg zu einem beruflichen Termin oder zur Weihnachtsfeier mit der Familie sind. Gut, gut: Wir wissen sehr wohl, dass Sie auch gegenüber Jessica Schipp und/oder Fred Vogel und all ihren Kollegen schon sehr viel – zu viel – Verständnis aufbringen mussten. Dass Sie sich nichts weiter wünschen, als dass jemand in diesem Laden endlich einmal SIE versteht, denn immerhin bezahlen Sie ja für den Spaß.

Aber das ist wenig wahrscheinlich – Sie sind hier nicht bei Ihrem Therapeuten. Und Sie wollten doch diese Zugfahrt möglichst wohlbehalten überstehen? Also, reißen Sie sich zusammen und seien Sie um Ihrer selbst willen freundlich. Ein letztes Mal.

FAHRGAST (freundlich lächelnd): Guten Tag, Herr Zugführer! Darf ich mich zu Ihnen setzen?

SCHMÖLLER (zuckt unwillig die Schultern)

FAHRGAST (nimmt das als freundliches Nicken): Danke, Herr Zugführer. Ah, schön. Es tut Ihnen sicher auch gut, einmal zu sitzen. Sie müssen die ganze Zeit auf den Beinen sein, überall im Zug nach dem Rechten sehen, die Verantwortung für den gesamten Zug tragen, während wir faulen Fahrgäste einfach die Beine hochlegen. Sie haben sich diese Pause mehr als verdient.

SCHMÖLLER (wirft dem Fahrgast einen ungläubigen Blick zu, um herauszufinden, ob der es wirklich ernst meint)

FAHRGAST: Ja, ich meine das ernst. Wissen Sie, ich kenne jede Menge Nörgler und Querulanten, die sich ein Hobby daraus machen, ehrlich arbeitende Menschen zu tyrannisieren.

Er zieht diesen Überlebensführer (natürlich das ausgelesene Zweitexemplar) aus der Tasche und wirft ihn mit großer Geste verächtlich in die Ecke.

FAHRGAST (weiter): Aber wenn diese Typen selber mal was auf die Beine stellen sollen – eine Fahrkarte richtig herum abstempeln, einen Schwarzfahrer identifizieren, in einer schaukelnden Zugtoilette drei Stunden lang dösen – dann versagen sie kläglich!

SCHMÖLLER (nickt mit leichtem Interesse)

FAHRGAST (zum Kellner): Bitte, könnten Sie mir ein Bier bringen und dem Herrn hier eins mit – nein, ich lade Sie ein, so einen netten Gesprächspartner findet man selten. Ah, da kommt das Bier, habe ich ein Glück, dass Sie hier mit am Tisch sitzen, sonst würde es eine halbe Stunde dauern – zum Wohl!

Er stößt mit Kurt Schmöller an, beide nehmen einen tiefen Zug.

FAHRGAST (die Hand ausstreckend): Ich heiße Lars. Sie können ruhig Du zu mir sagen, aber Sie duze ich keinesfalls, immerhin sind Sie eine Respektsperson. Schon als kleiner Junge träumte ich davon, einmal so eine Uniform zu tragen wie Sie, und was ist daraus geworden? (zupft an seinem Anzug) Ein Fummel von Brioni, lächerlich! Nicht mal aus blauem Uniformstoff! Wissen Sie was, ich beneide Sie. Um Ihre Aufgabe, um Ihren Job, um Ihre Verantwortung!

SCHMÖLLER (geschmeichelt): Na, nun hören Sie …

FAHRGAST: Wir waren beim Du!

SCHMÖLLER: … hör auf!

FAHRGAST: Nein wirklich! Ich kann mir vorstellen, dass Sie sich mit Lok- und Wagentypen auskennen wie kein anderer. Krokodil, Weiße Lady, Knallfrosch, Zweiachtzehn …

SCHMÖLLER (mit leuchtenden Augen): Na, das gehört zur
    Fortbildung! Und früher, als ich noch nicht geschieden
    war und im Hobbykeller meinen Eisenbahnraum hatte…
FAHRGAST: Ich wette, dass es rund um das Thema Bahn
    nichts gibt, was Sie nicht wissen. Zum Beispiel wis-
    sen Sie aus dem Effeff, wie eine beliebige Station in
    Deutschland heißt – zum Beispiel die nächste Station …
SCHMÖLLER: Jena Paradies.
FAHRGAST (juchzend): Phänomenal! Ich wusste es! Sie
    sind ein Genie! Ach, wenn ich doch auch in meinem
    Job so kompetent wäre! Und ich wette, Sie wissen noch
    mehr, Sie wissen sicher, warum der Zug hier gehalten
    hat?
SCHMÖLLER: Wegen eines Triebkopfschadens. Die Lok
    wird ausgetauscht. Eine 103 übrigens …
FAHRGAST (weiter juchzend): Eine 103. Wahnsinn! Die
    muss ich mir unbedingt mal angucken. Und wie lange
    wird das dauern?
SCHMÖLLER: Laut Durchsage noch eine halbe Stunde.
    In Wirklichkeit werden sie eine Stunde brauchen. Aber
    wenn Du die 103 mal ansehen willst …
FAHRGAST (aufstehend, mit entgleisenden Gesichtszügen):
    Nein danke, wirklich nicht. Wie kommen Sie darauf?
    Und hören Sie auf, mich zu duzen!

Nein, halt: Wollen Sie Kurt Schmöller in diesem Zug noch
gegenübertreten (und ein Zug ist ein geschlossenes System,
aus dem es kein Entrinnen gibt), sollten Sie den allerletzten
Teil des Dialogs so verbindlich gestalten wie den Rest. Um
Ihrer selbst willen! Also so:

FAHRGAST (aufstehend, mit vor Freude entgleisenden Gesichtszügen): Danke! Danke! Danke!!! Ich bin Ihnen so dankbar! Nichts tue ich lieber, davon habe ich mein Leben lang geträumt! – Nur einen winzigen Moment noch, ich komme gleich wieder – trinken Sie solange noch zwei, drei Bier auf meine Rechnung …

Und wenn Sie häufiger auf dieser Strecke fahren und damit rechnen müssen, auch Kurt Schmöller häufig zu treffen: Was spricht dagegen, sich, wenn Sie ohnehin warten müssen, tatsächlich die 103er Lok mit ihm anzusehen? Unter Umständen haben Sie danach einen neuen Freund gewonnen (und Sie können sich ja nun vorstellen, dass es sehr gut ist, Kurt Schmöller zum Freund zu haben).

Vielleicht legen Sie aber auch keinen Wert darauf, Schmöller zum Freund zu haben. Vielleicht denken Sie auch daran, dass es ziemlich viele Zugbegleiter gibt und dass Sie es sich allein rein zeitlich nicht erlauben können, zu allen freundschaftliche Beziehungen zu unterhalten. Das macht, sofern der Zug keine Verspätung hat, unvorhergesehenerweise wieder an den Ausgangsbahnhof zurückkehrt und kein sonstiger Zwischenfall passiert, erst mal nicht viel aus (Fahrten, auf denen nichts dergleichen passiert, sind außerordentlich selten, aber vielleicht sind Sie ja ein solcher Glückspilz). Außer Sie sitzen in der ersten Klasse und hoffen darauf, dass jemand das Versprechen vom Faltblatt einlöst: Service am Platz.

KALTER KAFFEE:
Versuch über den Service am Platz

Um es vorweg zu sagen: Wollen Sie das wirklich? Wollen Sie wirklich, dass der Mann, die Frau neben Ihnen am Vierertisch einen Teller Nürnberger Rostbratwürstchen in sich hineinschlingt, deren Fettgeruch den ganzen Erste-Klasse-Wagen füllt, während Sie und alle 99 anderen eigentlich hier zu arbeiten haben, aber stattdessen immer tierischeren Hunger bekommen, und das, obwohl Sie Vegetarier sind? Noch einmal: Wollen Sie das wirklich?

Oder wollen Sie wirklich, dass der hibbelige Telefonierer neben Ihnen, der laute Frauenkegelverein Pils auf Pils an den Platz geliefert bekommt und dabei immer lauter wird, statt sich bis zum Ende der Fahrt zu den Gleichgesinnten ins Bistro zu verziehen?

Sehen Sie. Und anderen geht es genauso. Vor allem den Zugbegleitern. Seit die Bahn im ICE in der ersten Klasse vollmundig Service am Platz verspricht, hat sich das Berufsbild des Zugbegleiters grundlegend gewandelt. Einmal jährlich lernt jeder, der in die erste Klasse gelassen wird, in einem dreitägigen Intensivcoaching folgende Sätze auswendig:

1. »Haben Sie einen Wunsch aus dem Restaurant?«
2. »Ich sehe mal nach, ob es das gibt.«
3. »Tut mir leid, die Küche/der Getränkeausschank ist zur Zeit überlastet. Am besten, Sie versuchen es hinter Fulda noch einmal.«

Suchen Sie dann Stunden, nachdem Sie den dritten Satz gehört haben, verzweifelt und mit knurrendem Magen das Restaurant auf, um sich zwischen die anderen Anstehenden zu drängen und den Aufwärmkoch zu beknien, Sie wären bereit, viel Geld für irgendwas Warmes und Sättigendes zu blechen, finden Sie einen gähnend leeren Speisewagen vor, in dem seit Stunden nur ein Tisch besetzt ist: von dem gelangweilten Aufwärmkoch, der mit dem Getränkeausschenker und dem Zugbegleiter eben die letzten Rostbratwürstchen in sich hineinschaufelt.

An diesem Zustand ändert auch die Tatsache nicht viel, dass die Bahn vor einigen Monaten begonnen hat, in der ersten Klasse ausgewählter ICEs Stewardessen einzusetzen, die die Einsteigenden lächelnd erwarten (wahlweise auf Deutsch oder Englisch) und an Stelle der Zugbegleiter den Service am Platz übernehmen sollen. Erste Beobachtungen zeigen, dass diese scheinbare Verbesserung Bahnreisende gleich dreifach irritiert: Zum einen die gänzlich ungewohnte Freundlichkeit und Hilfsbereitschaft der Stewardessen (anfangs meinten viele, sie seien in den Dreharbeiten zu einem dieser utopischen Bahn-Werbespots gelandet und flohen den Zug aus Imagegründen so schnell wie möglich). Zum anderen der Umstand, dass einzelne Stewardessen auf der Strecke Hamburg–Berlin sehnsüchtig begannen, über Sicherheitsvorkehrungen, Notausgänge, Sauerstoffmasken und Druckabfälle in der Kabine zu sprechen, worauf mehrere Fahrgäste panisch nach Sicherheitsgurten verlangten. Zum Dritten die Tatsache, dass diese Stewardessen nicht in allen ICE-Zügen eingesetzt werden, sondern lediglich nach Bedarf. Was, vereinfacht gesagt, bedeutet, dass sie nicht da sind und der Service weiterhin den Zugbegleitern obliegt (die darüber stinksauer sind).

Zum Dienen gezwungen:
Das demütigende Los der Zugbegleiter

Sie müssen sich also noch mehr als bisher anstrengen, um auch wirklich etwas gebracht zu kriegen. Sind Sie nicht zufälligerweise mit dem Zugbegleiter befreundet (siehe voriges Kapitel), empfehlen sich folgende Strategien:

🖐 Fragen Sie einen älteren Zugbegleiter, keinen jüngeren. Der Grund liegt sprichwörtlich auf der Hand: Ältere Zugbegleiter werden schon seit Jahren zum Service gezwungen und haben trotz allem Widerwillen ein gewisses Zwangstraining darin, Getränke und Speisen aus der Küche in die erste Klasse zu befördern, ohne allzu viel zu verschütten. (Bestellen Sie aber dennoch nichts, was kullern kann, keine Kartoffeln, Möhren oder Erbsen – die Einzigen, die etwas davon haben, sind die ausgehungerten Hunde der Rucksackreisenden in den Gängen.) Jüngeren Zugbegleitern wie Nils Probe wird hingegen erst kurz vor ihrem Dienstantritt in verächtlichen Worten mitgeteilt, dass sie nebenbei noch die Reisenden der ersten Klasse am Platz zu versorgen – bahnintern: »abzufertigen« – haben. Beim ersten Mal ging Nils Probe also in die erste Klasse, nahm widerwillig die Bestellung einer mittelalten Frau auf – »italienischer Eintopf« –, ignorierte die verwirrten Blicke und leisen Fragen der anderen Fahrgäste und ging zum Aufwärmkoch, um den Eintopf zu holen. Da Nils Probe noch nicht das Seminar »Tablett-Training für Zugbegleiter« absolviert hatte, versuchte er, den heißen Teller mithilfe einiger lausig dünner Bahnpapierservietten in beiden Händen zu transportieren. Er kam ziemlich weit, bis zum Prostataplakat gegenüber der ersten Toilette. Dann, bei Kilometer 243,6, ging der Zug in eine Kurve, und der noch kochend heiße »italienische Eintopf« ergoss sich über Probes Handgelenk und Unterarm.

🖑 Probes gellende Schreie brachten Gottfried Broiler, der gemerkt hatte, dass er kein Ticket nach Gera, sondern eins nach Bietigheim-Bissingen im Brustbeutel trug, und sich (endlich unseren Rat befolgend!) sicherheitshalber in die Toilette zurückgezogen hatte, dazu, sich schaudernd und mit aller Kraft gegen die Toilettentür zu stemmen. Nils Probe hingegen versuchte mithilfe seines Zugbegleiter-Türenschlüssels ebenfalls mit aller Kraft in die Toilette zu gelangen, um kühles Wasser über seinen Arm laufen zu lassen. Woraufhin Gottfried Broiler sich noch stärker gegen die Tür stemmte und voll Todesangst gleichfalls zu schreien begann. Beide schrien so lange, bis der Zug in Berlin-Spandau hielt. Dann flohen sie in verschiedene Richtungen.

🖑 Nach diesem schrecklichen ersten Mal versucht Nils Probe mit aller Macht und den gängigen Tricks dem Service am Platz zu entgehen: Entweder flutscht er so schnell durch die erste Klasse, dass ihn die verzweifelten Rufe der Reisenden nicht erreichen. Oder er vertröstet alle Bestellwilligen im Vorbeigehen auf »später« und verdoppelt bei künftigen Gängen seine Geschwindigkeit (oder gibt vor, sehr beschäftigt zu telefonieren). Oder er nimmt alle Bestellungen auf, sagt, es werde dauern, und zieht sich bis zum Personalwechsel in die Toilette zurück.

🖑 Fragen Sie lieber eine Frau, keinen Mann. Während es bei Zugbegleiterinnen auch in anderen Lebensbereichen durchaus vorkommen kann, dass sie jemanden versorgen (beispielsweise einen Mann, der ewig über ihre Arbeitszeiten nörgelt, seltener Kinder), haben gerade ältere männliche Zugbegleiter außerhalb ihres Dienstes bei der Bahn in der Regel keinerlei Serviceerlebnisse, weder passiv noch aktiv: Wie bei Kurt Schmöller belasteten die jahrelangen Wechselfälle des Zugbegleiterseins und die immer sportlicheren Vorgaben aus der Konzernspitze ihre Ehe oder Beziehung so stark, dass sie zerbrochen ist. In dem einfachen Eisenbahnerappartement dicht an den Gleisen des Rangierbahnhofs versorgt sich Schmöller nun höchstens selber – mit Vollkornbrot aus der Tüte, Dosenfisch und Bier. Dass er die Fatzkes aus der ersten Klasse »abfertigen« soll, eine zutiefst weibische Arbeit also, ist für ihn nichts als eine weitere Demütigung seitens der Bahnspitze.

Außerdem, das muss Schmöller zugeben, stellt der krasse Rollenwechsel eine Zumutung dar: Bei der Fahrkartenkontrolle ist er Herrscher über Fahrt oder Rausschmiss, ein Mann, vor dem alle zittern. Und kurz darauf in der ersten Klasse soll er, so hat er das bahninterne Kurzseminar »Abfertigen am Platz« verstanden, auf einmal Diener sein – jemand, der demütig die Bestellung entgegennimmt und dann erkalteten Kaffee oder aufgewärmte Nudeln serviert, obendrein zuvorkommend lächelnd (!), vielleicht gar mit einer servilen, tuntenhaften Verbeugung wie in einem dieser schrottigen Schwarzweißfilme, die immer spätnachts kommen, wenn auch er mal Zeit zum Fernsehen hat?

Schmöller hasst diese Filme, er kennt sie alle schon auswendig, und er hasst es, jemanden zu bedienen. So sehr, dass er immer wieder die paar lumpigen Cent Trinkgeld verweigert, die ihm schmierige Schnösel gönnerhaft zustecken: »Den Rest schenke ich Ihnen! Trinkgeld! Für Sie, guter Mann, für heute Abend!«.

☝ Schickt ihn der Zugchef, weil wieder einmal keine Stewardess verfügbar ist, in die erste Klasse – »Schmöller, einer muss es machen, und du hast die Arschkarte gezogen« –, zwängt sich Schmöller zwar mit finsterster Miene in Stewardessen-Bluse und Stewardessen-Minirock, weigert sich aber vehement, die behaarten Beine zu rasieren.

☝ Fahrgäste, die trotzdem versuchen, bei ihm zu bestellen, versucht er, erstens zu ignorieren. Zweitens durch hocherhobenen Kopf und finstere Blicke zu verschrecken. Und, drittens, die besonders Hartnäckigen (also die Spitzel der Bahnspitze) verbal so »abzuferkeln«, dass Sie genau wissen, dass er sie erkannt hat:

FAHRGAST: Ich hätte gerne einen Kaffee.

SCHMÖLLER: Natürlich, bringe ich Ihnen. Wann steigen Sie aus?

FAHRGAST (verblüfft): In Saalfeld. Wieso?

SCHMÖLLER: Weil wir dann noch genügend Zeit haben.

FAHRGAST: Wofür?

SCHMÖLLER: Für den Kaffee. Wissen Sie, ich bin heute allein im Service. Aber bis Saalfeld haben Sie Ihren Kaffee!

FAHRGAST (entsetzt): Aber das sind noch dreieinhalb Stunden!

SCHMÖLLER: Drei Stunden und zweiundvierzig Minuten. Wir haben etwas Verspätung.

FAHRGAST: Wenn ich jetzt einen Kaffee bestelle, möchte ich ihn nicht in dreieinhalb Stunden haben! Ich möchte ihn jetzt trinken. Und wie stellen Sie sich das überhaupt vor? Erwarten Sie, dass ich den Kaffee dann vor dem Aussteigen in ein paar Sekunden runterstürze und mir auch noch den Mund verbrühe?

SCHMÖLLER: Ich kann Ihnen sagen, dass der Kaffee ohnehin nicht heiß sein wird. Das Bordrestaurant ist zwei Wagen entfernt, und dort stehen die Kaffees schon mal länger auf der Theke, wenn so viel los ist wie heute und ich allein im Service bin … Also, das macht Zweisiebzig.

FAHRGAST: Was macht Zweisiebzig?

SCHMÖLLER: Der Kaffee. Ich kassiere im Voraus. Nicht dass Sie am Ende heimlich früher aussteigen …

FAHRGAST: Vergessen Sie's. Ich hole mir meinen Sch… kaffee selber!

Will man sogar etwas zu essen haben, kann eines dieser Gespräche mit Kurt Schmöller aber auch so verlaufen:

FAHRGAST: Ich möchte etwas zu essen haben!

SCHMÖLLER: Der Speisewagen ist gleich zwei Wagen weiter!

FAHRGAST: Aber hier auf dem Faltblatt steht doch: Service am Platz!

SCHMÖLLER: Selbstverständlich. Ich mache nur schnell die Fahrkartenkontrolle im hinteren Teil des Zuges, überprüfe die Lichtschalter im Zwischenwagenbereich und den korrekten Sitz der Abfallbehälter und komme dann wieder …

Natürlich ist das gelogen. Lässt der dies wissende Fahrgast daraufhin nicht locker, bietet Schmöller an, zuerst die Speisekarte zu bringen, denn er habe keine dabei und kenne die acht Stammgerichte beim besten Willen nicht auswendig. (Dass er die Karte dann »aus technischen Gründen« vergessen beziehungsweise fortan dieses Abteil meiden wird, versteht sich von selbst.)

FAHRGAST: Aber ich weiß schon, was ich möchte!
SCHMÖLLER: Das tut mir leid. Ich fürchte, es ist aus!
FAHRGAST: Wie bitte? Aber ich habe noch gar nicht gesagt, was ich möchte!
SCHMÖLLER: Nun?
FAHRGAST: Deftige Gulaschsuppe!
SCHMÖLLER: Bedaure, aus!
FAHRGAST: Leckeres Rührei!
SCHMÖLLER: Bedaure, aus!
FAHRGAST: Meinetwegen diese fetten Würstchen! Und einen Schnaps.
SCHMÖLLER: Aus – ich habe Ihnen doch schon gesagt, dass es aus ist!

Natürlich, Sie könnten selber gehen und sich vom Aufwärmkoch holen, was Sie wollen. (Es gibt noch alles, ausgenommen den Schnaps; und wenn Sie Kurt Schmöller treffen und ihm das vorhalten, wird er behaupten, es sei »gerade eben reingekommen« – was seltsam ist, weil der Zug zwischen Berlin und Hamburg Hauptbahnhof gar nicht hält.) Und Sie können sich auf dem Rückweg selber den Unterarm verbrennen.

Aber was, wenn die Gänge nicht nur von Rucksackreisenden verstopft sind, sondern auch von Berufspendlern, Wochenendheimfahrern und Bundeswehrsoldaten und Sie an Ihrem Zielort eine Rede vor Publikum halten müssen, also weder hungernd und dürstend noch mit zerrissenem Hemd dort auftreten dürfen? Oder wenn Sie zwei kleine Kinder dabeihaben, die Sie weder zurücklassen wollen noch mitnehmen und dabei gleichzeitig ein Tablett balancieren können? In einer solchen Situation ist Kurt Schmöller Ihre einzige Hoffnung (schlimm genug, dass es schon wieder so weit gekommen ist).

Nein, wir möchten Sie jetzt nicht bitten, sich vorzustellen, Zugbegleiter Schmöller sei ein alter Freund oder Ihr unwilliger Bruder, Vater oder Onkel, für den es Verständnis aufzubringen gelte. Wir möchten Sie auch nicht dazu anhalten, sich vielmals dafür zu entschuldigen, dass Sie ihn ansprechen, um ihn zu fragen, ob er wisse, ob es in der Bistroküche noch irgendetwas zu essen gebe, ganz egal was. Und verschämt hinzufügen, Sie würden ja lieber selber gehen, aber der potenzielle Verlust von zwei Kindern sei ein zu hoher Preis für ein einziges Mittagessen, und Bekannte von Ihnen hätten bei der letzten Fahrt mit der Bahn sogar drei Kinder verloren und fast noch das vierte, aber ein netter Zugbegleiter habe alle Kinder wieder aufgetrieben. (Irgendein Idiot hatte sie ins Kinderabteil gesperrt.)

Nein, wenn Sie das partout nicht wollen – denn wir haben Ihnen schließlich versprochen, dass es nicht mehr sein muss –, dann wählen Sie einen anderen Weg: Geld. Wir sprechen hier nicht von den lumpigen paar Cent Trinkgeld, die Schmöller so hasst, wenn man sie ihm zusteckt. Wir sprechen hier von einem Betrag, der Schmöller zumindest vorübergehend in der Illusion wiegen könnte, dass er sich – wenn das so weitergeht – vielleicht doch besagte Strandbar auf Mallorca leisten könnte, sofern er künftig nur dem Service am Platz eine Spur aufgeschlossener gegenüberstünde. Stellen Sie also – Sie haben schließlich Hunger, richtig??? – Kurt Schmöller ohne Umschweife und in klaren Worten ein fürstliches Trinkgeld in Aussicht. Eins, das ihm klarmacht, dass das Bedienen anderer Leute nicht Ausweis von Unterwürfigkeit ist, sondern ein echt gutes Geschäft.

Keine Sorge, Schmöller wird sich nicht bestochen fühlen. Er wird im Gegenteil an die Erzählungen eines seiner Trinkkumpels denken, der früher als Schlafwagenschaffner durch halb Europa fuhr und ungeheuer viel Geld verdiente, weil er den Lourdes-Pilgern oder Bulgarien-Urlaubern nicht Bahnkaffee und Bahnmineralwasser an den Platz brachte, sondern für ein Spottgeld beim Discounter gekaufte und in gebrauchtes Bahngeschirr gefüllte Getränke.

Kurt Schmöllers Augen werden aufleuchten.

Und dann wird er, denn Kurt Schmöller ist im Grunde seines Herzens ein guter Kerl, Ihnen nach schon einer Stunde irgendein halb verschüttetes Kaltgetränk und schon nach zwei Stunden etwas zu essen bringen, ein durchfeuchtetes Sandwich mit abgelaufenem Haltbarkeitsdatum oder drei völlig zerkrümelte Mini-Vollkornbrote, Reklamationsware vom Vortag. Aber Sie haben ja schließlich Hunger. Und Sie haben damit begonnen, aus Kurt Schmöller einen servicefreundlichen Menschen zu machen.

TIPP
Wenn Sie wirklich Hunger haben, bedenken Sie: Auf anderen Survivaltrips zahlt man Entführern ein noch fürstlicheres Trinkgeld und isst trotzdem lediglich Maden, Spinnen und Heuschrecken.

Aber nicht überall stoßen Sie auf jemanden wie Kurt Schmöller: Die meisten Bereiche der Deutschen Bahn sind absolut servicefrei.

Zu Hunger und Durst gezwungen: Ihr demütigendes Los im Zug

Sie können natürlich bei einem Zwischenstopp aus dem Zug springen und hastig am erstbesten Bahnhofsstand irgendetwas Sättigendes kaufen. Dann rennen Sie wie ein Wahnsinniger oder wie eine Wahnsinnige zurück und werden von Kurt Schmöller davon abgehalten, den Zug wieder zu betreten, denn er hat gerade das Abfahrtssignal gegeben.

Theoretisch haben Sie auch die Möglichkeit, etwas bei den mobilen Verkäufern zu erwerben, die in den Zügen unterwegs sind. Nach dem Börsengang – das zumindest stellen sich die Strategen der Bahn vor – werden das sehr viele mobile Verkäufer sein. Im Moment haben Sie die Wahl zwischen drei Alternativen. Oder, um ehrlich zu sein, weil niemals alle drei gleichzeitig auftauchen, ja Sie vielmehr froh sein können, wenn eine einzige erscheint: Drei Alternativen haben die Wahl zwischen Ihnen.

Der Brezelverkäufer

Brezelverkäufer Thilo Rosswurm ist eigentlich kein Brezelverkäufer, er ist ein jetzt wieder freier Unternehmensberater, der Feldstudien durchführt und der es vor Jahren durch die Erfindung des Begriffs »Vergraulungsstrategie« bahnintern zu einiger Berühmtheit gebracht hat. Nun muss er sich allerdings anders durchschlagen, und deswegen hat er neben Salzbrezeln immer auch einige Flaschen Wasser dabei, die er dürstenden Bahnpassagieren zu weit überhöhten Preisen verkauft, kurz bevor diese bereit sind, das Wasser in den Zugtoiletten zu trinken. Rosswurms Brezeln schmecken ziemlich gut, gerade mangels Alternativen – wenn die Käufer merken, dass sie extrem versalzen und somit der Grund für unglaubliche Durstattacken sind, hat Rosswurm den Zug schon längst wieder verlassen.

TIPP
Machen Sie sich Gedanken über die Konsequenzen,
bevor Sie Brezeln von Thilo Rosswurm kaufen!

Die Eisfrau

Julia Meister ist Studentin und Subunternehmerin bei der Bahn. Wenn sie Lust hat und die Sonne scheint, kauft sie bei Lidl ein paar Eissorten und klettert mit ihrer Kühlbox in Kassel in Züge, die lohnend erscheinen. Wenn sie in Göttingen wieder aussteigt, ist die Kühlbox meistens leer, denn gerade in Zügen, die in brütender Hitze bei ausgefallener Klimaanlage über Stunden auf der Strecke standen, ist die Lust auf Eis besonders groß, obwohl die Fahrgäste, die ihr entgegentaumeln, im Regelfall zuerst »Wasser, bitte Wasser!« verlangen. Das aber hat Julia Meister dummerweise nie dabei. So erlebt sie häufiger, dass enttäuschte Käufer mit verzweifeltem Blick in die Bahn-WCs stürzen – seltsam, denn dort gibt es, weiß sie genau, gar kein Trinkwasser.

TIPP
Halten wenigstens Sie sich vom Wasser in den Zugtoiletten fern!

Der Servicewagenmann

Freddy Nuur ist freier Subunternehmer bei der Bahn, was bedeutet, dass er den gesamten Inhalt seines teewagenähnlichen Servicewagens auf eigene Kosten kauft, dann auf jeden Kaffee, jedes lappige Brötchen ein paar Cent oder Euro aufschlägt und von der Differenz lebt. Nicht sehr luxuriös, was hier keine große Rolle spielen darf, außer in einem Punkt: der Dienstkleidung von Nuur, die aus einer verwaschenen Jeans und einem Synthetikhemd besteht (das Nuur günstig von einem EDV-Techniker erworben hat). Mehr Dienstkleidung existiert nicht, was bedeutet, dass Jeans und Hemd gewaschen werden müssen, wenn zwischendurch Zeit ist. Allerdings haben Subunternehmer wie Nuur so gut wie nie Zeit: Um überleben zu können, müssen sie sehr viel arbeiten, und es ist eine schweißtreibende Arbeit, den gefüllten Servicewagen mehrmals am Tag in einen Zug zu wuchten, mit dem Wagen unzählige Stehende zur Seite zu schieben und ihn am Ende wieder aus dem Zug hinauszuschleppen. Woraus sich zwangsläufig ergibt, dass Nuur eine äußerst tragische Figur ist. Mit seinem Wagen wirkt er von Weitem zwar sehr attraktiv auf Hungernde, kommt er allerdings näher, bleibt jedem, der gerade keinen Stockschnupfen oder eine Wäscheklammer dabei hat, nichts weiter übrig, als die Abteiltür zu- oder die Luft anzuhalten und heftig zu bestreiten, etwas zu wollen, bis Nuur samt Geruchsfahne desillusioniert weitergezogen ist (dank seiner absoluten Geruchsunempfindlichkeit ohne – und das ist das wahrhaft Tragische – zu wissen, warum er so wenig Erfolg im Job hat).[17]

---

17   Nuur bekommt allerdings regelmäßig Job-Angebote der Schlafwagengesellschaft. Als er einmal dort anrief, sagte man ihm, er würde gut »ins Team

Werfen Sie dem Servicewagenmann aus einigen Metern
Entfernung etwas Geld zu und bitten Sie ihn, Ihr Getränk oder
Ihr (eingepacktes!) Brötchen auf den Boden zu legen, das
Zugfenster weit zu öffnen und sich rückwärts zu entfernen.

Sie haben es sicher selber gemerkt: Die oben angeführten Alternativen sind nur für den Notfall geeignet. Leider fliegen auch immer wieder Initiativen von einfallsreichen Fahrgästen auf, die am Bistrotresen in großem Stil Getränke und Speisen aufkaufen, in der Toilette eine amtliche aussehende Jacke überwerfen und die Ware dann zu denselben Preisen wie die Zugbegleiter an darbende Fahrgäste weitergeben.

Sie sollten also immer Proviant in ausreichender Menge (für mindestens drei Tage) dabeihaben. Im Zweifelsfall orientieren Sie sich an unserer Liste und/oder an den Empfehlungen des deutschen Zivilschutzes für das Anlegen eines Notvorrats für Krisenzeiten.

TIPP
Haben Sie obendrein immer ein paar gut gefälschte
Schmuckstücke dabei. Diese können Sie im Notfall bei Leuten,
die die Notlage ihrer Mitmenschen schamlos ausnutzen
(davon tummeln sich bei der Bahn genug), gegen Nahrung
oder eine Mitfahrgelegenheit in einem Auto eintauschen.

Ansonsten bleibt Ihnen nur noch – der Speisewagen.

---

passen«, weil sein Hemdenschweißgeruch eine »erfrischend neue Duftnote«
in die nach alten Socken riechenden Schlaf- und Liegewagen bringen könnte. Nuur verstand nicht, was die freundliche Dame meinte, und legte auf.

Die wahre Bedeutung der Durchsagen

Erfahrene Bahnfahrer wissen: Die Ausreden (Durchsagen) der Bahn ähneln dem Zeitungshoroskop. Sie haben nichts mit der Realität zu tun. Wie jedoch so oft: Ein Fünkchen Wahrheit steckt in jeder hoffnungslos verstotterten Meldung. Hier eine Liste der wichtigsten Routine-Ansagen – und ihrer wahren Bedeutung.

Wenn die Bahn sagt:
Meine Damen und Herren, mein Name ist [Genuschel], ich bin Ihr Zugchef und heiße Sie auch im Namen meines Teams herzlich willkommen im ICE 241 auf der Fahrt von Ribnitz-Damgarten West nach Stuttgart über Schwerin, Hamburg, Bremen, Köln, Bonn, Frankfurt, Mannheim, Kiel, Aachen …

Dann meint sie:
Hallo Opfer, harharhar! Unfassbar, dass ihr erneut in diese Logistik-Falle getappt seid. Mein Name tut nichts zur Sache, und mein völlig überfordertes Team wird nichts unversucht lassen, euch bei dieser Odyssee durch Deutschland vollständig zu demoralisieren.

Ich möchte Sie noch auf unseren gastronomischen Service hinweisen. Das BordBistro befindet sich im Wagen 211 zwischen

Falls ihr wirklich etwas Essbares im Zug vermutet, seid ihr entweder krankhaft optimistisch oder extraterrestrisch. Auf jeden Fall der ersten und der zweiten Wagenklasse, wo Sie unser freundlicher Servicemitarbeiter gerne begrüßt.

In der ersten Wagenklasse bedienen wir Sie auch gerne am Platz.

Meine Damen und Herren, unser Zug hat soeben außerplanmäßig angehalten. Der Grund dafür ist [knack]:

■ eine Signalstörung

■ dichte Zugfolge

■ ein entgegenkommender Zug im vor uns liegenden Streckenabschnitt

muss der »Service«-Mitarbeiter erst einmal die gerade gelieferten Waren sortieren und einbuchen. Und das dauert vermutlich bis zur Endstation, mindestens aber bis zum Ablauf des Haltbarkeitsdatums.

Du hast viel Geld bezahlt, um niemandem zu begegnen. Nun steh auch dazu. Oder willst Du wirklich von unseren Zugbegleitern bedient werden?

Hallo Opfer, jetzt geht's los. Wir haben uns wieder einmal alle Mühe gegeben, eure Reisepläne zunichtezumachen. Weil:

■ der Aushilfslokführer keine Ahnung hat, was dieses seltsame Licht bedeutet, und erst einmal in der Betriebsanleitung nachsieht.

■ der Zugführerpraktikant irgendeinen Knopf gedrückt hat. Jetzt rätseln alle, wie man den Zug wieder in Bewegung setzt.

■ es irrerweise den Nostalgiezug VT 08 (»die Helden von Bern …«) auf diese Strecke verschlagen hat.

- dass im vor uns liegenden Streckenabschnitt Bauarbeiten durchgeführt werden.

- sich die Schranken an der Landstraße 278 vor Unter-Ödebühl (West) leider wieder einmal nicht senken lassen. Zugchef Müller und der aus dem 30 Kilometer entfernten Pfaffenried herbeigeorderte Bahnwärter Thiel müssen nun erst noch die Straße mit Flatterband absperren, wenn sie im Baumarkt eins bekommen.

- technische Probleme

- uns fällt keine andere Ausrede ein. Aber der Lokführer muss jetzt endlich seinen Mittagsschlaf nachholen.

Aufgrund einer falschen Bauart in der Wagenreihung konnten leider die elektronischen Sitzplatzreservierungen nicht eingeladen werden. Wir bitten Fahrgäste ohne Reservierung, gegebenenfalls die Plätze freizugeben.

Leider haben wir die Reservierungsdatei verschlampt. Oder wir haben geheime Order, noch ein paar Fahrgäste zu vergraulen. Egal, ab jetzt gilt das Faustrecht.

Bitte wenden Sie sich im Zweifelsfall an einen Zugbegleiter.

Wir haben uns im Dienstabteil verschanzt oder im Kleinkinderabteil versteckt und die Gardinen zugezogen. Haut ab!

Unser Zug hat derzeit eine Verspätung von 17

Der Lokführer hat ausgerechnet in Hamm

Minuten. Grund dafür waren Koppelprobleme in Hamm. In Hannover werden jedoch alle vorgesehenen Anschlusszüge erreicht.

eine neue, sehr attraktive Kollegin kennengelernt. Das Treffen verlief jedoch etwas enttäuschend für ihn. Jetzt schiebt er Frust. Trotzdem werden in Hannover die vorgesehenen Anschlusszüge erreicht. Allerdings erst morgen.[*)]

Meine Damen und Herren, leider muss unser Zug umgeleitet werden. Grund hierfür:

Opfer aufgepasst! Ihr dachtet wohl, das wäre jetzt schon alles. Aber wir können noch mehr (wahlweise: Einen ham wa noch …). Also:

■ sind spielende Kinder im Gleisbereich

■ Genauer gesagt: die Kinder des Lokführers, der gerade streikt und deshalb nicht auf die Gören aufpassen kann.

■ ist ein Böschungsbrand vor Köln

■ Uns fällt heute nichts Neues ein. Eigentlich peinlich, weil es gerade in Strömen regnet und Köln überhaupt nicht auf dieser Strecke liegt.

■ ist eine Person im Gleis

■ Wieder hat ein Bahnkunde den letzten Ausweg gewählt. Wir versuchen, ihn einzufangen und zurückzubringen, bevor er die nächste Mietwagenfirma erreicht.

■ ist eine defekte Oberleitung

■ Falls ihr euch wundert, warum uns das in einem Diesel-Triebwagen eigentlich tangieren soll: Wir wundern uns auch.

■ ist ein Stellwerkschaden in Hamburg-Harburg

■ Wir wissen nicht mal, was ein Stellwerk eigentlich ist. Aber diese Durchsage klingt doch sehr technisch-dramatisch, oder?

■ ist ein Schneesturm zwischen Bad Oldesloe und dem Altmühltal/ist eine vereiste Weiche vor Freiburg

■ Es ist zwar Hochsommer mit Temperaturen über 35 Grad Celsius, aber leider ist uns auf unseren letzten erhaltenen Fehlerbegründungsdurchsagen-leitfaden für den Sommer irgendeine Pampe gelaufen. Jetzt sind nur noch die Winterdurchsagen lesbar. Egal, ist eh alles gelogen.

■ sind technische Probleme auf der Strecke

■ Nun fällt uns wirklich gar keine Ausrede mehr ein. Aber der Lokführer braucht schon wieder ein Schläfchen.

*) außer an Sonn- und Feiertagen sowie am 3.10., 24.12. und 31.12.

ESSEN AUF RÄDERN:

Speisewagen und Bistro – schon wieder in der Falle

Das Gute am Speisewagen ist, dass man hier während einer Reise Pause machen und essen und trinken kann, ohne tatsächlich anzuhalten. Natürlich hält der Zug währenddessen in Wirklichkeit ständig aus den in diesem Buch vielfach geschilderten Gründen an; das hätte er jedoch ohnehin getan. Insofern können Sie den Aufenthalt ohne Reue genießen.

Beziehungsweise Sie könnten ihn genießen. Wären da nicht ein paar kleine Unwägbarkeiten im Betriebsablauf des BordRestaurants, die Sie davon abhalten, zu essen und zu trinken zu bekommen.

Jens Köhler etwa wollte auf der Fahrt von Frankfurt Flughafen Fernbahnhof nach Stuttgart etwas essen, er dachte an eine Currywurst mit Brot und dazu vielleicht ein Pils. Er trat an den Tresen des BordBistros – und tatsächlich: Dort sah er eine Werbetafel mit der Aufschrift »Currywurst mit Brot und 0,2l Bier: 4,90 €«.

Fein, dachte Jens Köhler.

Es war so ungefähr das letzte Mal, dass er während dieser Fahrt positiv dachte. Jens Köhler hat an diesem Tag keine Currywurst, kein Brot und auch kein Bier erhalten. Übrigens auch keiner der anderen 468 Fahrgäste auf dieser Strecke. Bevor wir die Gründe weiter vertiefen, eine Warnung: Wenn Sie mit dem Gedanken spielen, ein Getränk oder gar eine Mahlzeit im Speisewagen einzunehmen, sollten Sie sich folgenden Ratschlag gut merken:

Bestellen Sie ja nichts Ungewöhnliches!

Das klingt zunächst sehr einfach. Aber Vorsicht! »Ungewöhnlich« ist ja ein weiter Begriff. Zugbegleiter Hannes Fehrtmann aus Kiel etwa findet es »ungewöhnlich«, dass an jedem Bahnhof Menschen zusteigen, selbst wenn er selber es eilig hat und früher weiterfahren möchte. Für Lokführer Kurt Habicht aus Braunschweig ist es »sehr ungewöhnlich«, dass manche Reisende eine Beförderung nach 18 Uhr wünschen. Und Stationsansagerin Ruth Birkenstein aus Ansbach sieht verlässliche Durchsagen für Verspätungen unter 60 Minuten als »ungewöhnlich« an. Wenn Sie dieses bahneigene Wertesystem kennen, dürfte es Sie nicht verwundern, dass der durchschnittliche Servicemitarbeiter im BordBistro es als »ungewöhnlich« auffasst, wenn jemand etwas von der Karte, der Sonderkarte, der Kuchenkarte, der Service-am-Platz-Karte oder gar von den vielen bunten Aushängen bestellt, die im Speisewagen von der Decke hängen oder munter um den Counter herumdrapiert sind.

Da dies aber so ist, fallen eben – je nachdem – auch Currywurst, Kartoffelsalat, sechs Rostbratwürstchen oder Salat mit Pute unter diese Definition. Und die Einstufung als »ungewöhnlicher« Wunsch führt entweder zu einer Aus-Rede, d.h., der Betreuer wird sagen, die Kartoffelsuppe sei »aus« (auch dann, wenn sein Kollege gerade mit angestrengt verzerrtem Gesicht zwei Teller davon an ihm vorbei in den Speisewagen trägt). Oder aber er wird in Ermangelung einer glaubhaften Ausrede vor Ihren Augen das Rollo der Ausgabetheke herunterziehen und bis Mannheim nicht wieder hervorkommen. Wenn Sie schließlich an das Rollo klopfen und lautstark fordern, bedient zu werden, wird er zurückbrüllen, dass er gerade »Ware einladen« müsse (auch wenn der Zug laut Display im Gang exakt 249 km/h fährt).

Dabei ist es nicht Arbeitsunlust, welche die Wagenbetreuer zu solch scheinbar servicefeindlichem Verhalten treibt. Es
sind die bahneigenen Gerätschaften im Bistro. Nehmen wir
an, Sie bestellen einen Kaffee. Der Servicemitarbeiter nimmt
daraufhin einen Becher, stellt ihn unter den Kaffeeautomaten
und drückt die Taste »Kaffee«. Das tut er alles sehr gerne für
Sie. Jetzt jedoch beginnt der Automat zu fiepen und schaltet
mehrere rote Lämpchen ein. »Ich muss den Automaten ent-
kalken«, flüstert der Bistromitarbeiter verzweifelt.[18] »Setzen
Sie sich schon mal hin, ich bringe Ihnen den Kaffee.« Sie
werden bis Stuttgart selbstredend keinen Kaffee erhalten, im
besten Fall kommt der Kellner drei Minuten vor Ankunft
mit dem Getränk zu Ihnen. Sie stehen dann am Ausgang,
gegen das Prostataplakat gedrängt von einer Gruppe älterer
Damen, die sich schon seit Mannheim aufgeregt im Gang
platziert haben. Aus Höflichkeit nehmen Sie den Kaffee, Ihren Zehn-Euro-Schein kann der Kellner aber natürlich nicht
wechseln. Er verspricht, das Wechselgeld zu bringen, was er
aber sofort vergisst (denn der Bierzapfhahn will ebenfalls ent-
kalkt werden). Auf dem Bahnsteig wird dann ein fünfjähri-
ges Kind rückwärts zwischen Ihre Beine laufen, der Kaffee
wird Ihnen aus der Hand fallen, Ihr Sakko versauen sowie
Ihre Hand verbrühen, und Ihr Fluchen wird das Kind so er-

18   Geheimen Informanten zufolge geht auch das Entkalkungsproblem
auf den früheren Bereichsleiter Bernd Dotterhauer zurück, der mit einem
»Kickback«-Deal sein schmales Gehalt aufgebessert haben soll: Dotterhauer,
so heißt es, sei mit dem Programmierer der Kaffeeautomatensoftware »Cof-
feemat Beta 3.5«, Frank Döbel, engstens befreundet und habe in seiner Amts-
zeit einen Zehnjahres-Exklusivvertrag mit den Chemischen Betrieben Bad
Zwischenahr (CBZ) über die Lieferung von »Citrostar 3000« abgeschlossen,
einem nachweislich völlig unbrauchbaren Entkalkungsmittel, das nur noch
in behördlichen Kaffeemaschinen und Bügeleisen eingesetzt wird.

schrecken, dass die dazugehörige Mutter völlig hysterisch die Bahnpolizei ruft. Einer der Beamten wird Sie Querulanten irgendwoher kennen (sicherlich aus Gronau), und der weitere Tag wird einen deutlich anderen Verlauf nehmen, als Sie es sich heute morgen gewünscht haben.

Ergo: Lassen Sie das mit dem Kaffee!

Nicht viel besser ist die Bestellung einer heißen Bockwurst. Sie werden ohnehin nur einen Neuling im Bistrowagen dazu bewegen können, Ihnen eine zu machen. Das Problem liegt dabei weniger in der Wurst selbst (die liegt im Kühlfach), sondern im Wörtchen »heiß«. Um die Wurst in diesen Zustand zu versetzen, muss der Servicemitarbeiter die in Plastik eingeschweißte Wurst in die Mikrowelle legen und den Aufwärmknopf in die richtige Stellung drehen. Klingt simpel, führt aber in der Regel zu einer sofortigen Überlastung des internen Stromnetzes, woraufhin alle Sicherungen im gesamten Zug herausfliegen.

Dies hat zwei Folgen: Erstens muss Zugchef Walter Ferdinand nun durchsagen, dass aufgrund einer technischen Störung heute voraussichtlich keine warmen Speisen und Getränke angeboten werden.

Der Zugchef hasst solche Durchsagen, er hasst überhaupt Ereignisse, die ihn dazu zwingen, völlig übereilt unvorhergesehene Durchsagen zu verfassen und ohne längeres Üben vorzulesen.

Und er wird den Servicemitarbeiter bei Gelegenheit spüren lassen, was er von blutigen Amateuren hinterm Bistrotresen hält. Schon auf der Rückfahrt am Freitagnachmittag kommt die Retourkutsche: Kaum ist im 50 Personen fassenden Bord-Bistro der 200. Gast registriert, was nicht nur zu zahlreichen (teils unerwünschten) Intimkontakten, sondern auch zu akuter Atemnot und zu Klaustrophobie unter den Anwesenden führt, wird Walter Ferdinand scheinbar heiter zum Mikro greifen und mit seminartrainierter öliger Stimme durchsagen: »Meine Damen und Herren, wie wäre es, wenn Sie die Woche mit einem kleinen Snack oder einem frisch gezapften Bier ausklingen lassen? Kommen Sie doch in den Bistrowagen zwischen der ersten und zweiten Klasse, wo Sie unser freundlicher Servicemitarbeiter gerne mit einem Freigetränk nach Wahl begrüßt.«

Nur Unwissende glauben, dies sei eine Serviceleistung der Bahn. In Wirklichkeit werden Sie hier Zeuge einer Hinrichtung.

Zweitens aber – auch deswegen ist er verärgert – muss Zugchef Ferdinand wegen des Stromausfalls (und weil er seinen Tee gerne heiß trinkt) den Bordtechniker in Bewegung setzen. Der Bordtechniker ist ein Phänomen. Er ist unsichtbar, insbesondere wenn Sie das Zugbegleitpersonal mit Dingen wie verstopften Toiletten, nicht funktionierenden Leseleuchten oder toten Steckdosen behelligen. Er kann weder das Reservierungssystem reparieren, noch fällt ihm eine Lösung für die ständig verkalkte Kaffeemaschine ein. Wie aus dem Nichts, ähnlich dem Klabautermann auf dem Untergang geweihten Schiffen, taucht er jedoch auf, wenn Ihr Wagen während der Reise abgehängt werden soll oder wenn auf der Strecke zwischen Hamburg und Hannover ein zeitraubender Bremsentest in Uelzen durchgeführt werden muss.

TIPP
Sehen Sie den Bordtechniker durch den Zug gehen,
sagen Sie am besten sofort per Handy an Ihrem Zielort
Bescheid, dass es später wird oder dass Sie womöglich

gar nicht ankommen. Tun Sie das auch, wenn noch alles in Ordnung scheint. Sie werden schon sehen …

Überlassen Sie ganz dem Kellner, was Sie essen

Im Falle des kompletten Stromausfalls erscheint der Bordtechniker ebenfalls und wird mit schwerem Werkzeug den Sicherungskasten öffnen, wird kopfschüttelnd davorstehen – und dann entweder (im besten Fall) keine oder aber eine für die Reisenden äußerst unbequeme Lösung finden, die den Einsatz eines Notarztes oder das vorschnelle Ende der gesamten Fahrt inklusive mehrstündiger Wartezeiten wegen automatisch verriegelter Türen bei defekter Klimaanlage nach sich zieht.[19]

Eine verantwortungsvolle Bistrokraft wird alles dies voraussehen und es daher vorziehen, Ihnen ein kurzes »Ist aus« an den Kopf zu werfen.

Völlig aussichtslos sind Wünsche nach komplizierteren Gerichten von der Karte, etwa einem Putensteak mit Folienkartoffel. Bei solchen Extrawürsten dürfen Sie allenfalls mit einer Sonder-Ausrede rechnen wie: »Es tut mir leid, das Steak ist noch tiefgefroren.« Und jeden weiteren Dialog (wie den folgenden) könnten Sie sich eigentlich sparen:

---

19   Verbraucherschützer vermuten, dass es in den Reihen der Bahn entweder nur noch einen einzigen – völlig überforderten – Bordtechniker gibt, der samt Werkzeugkasten mit einem Helikopter der Bahnmanagement-Flugbereitschaft von Zug zu Zug geflogen wird. Oder aber dass der Zugchef im Bedarfsfall unter den im Gang stehenden Fahrgästen einen Freiwilligen sucht, der für ein oder zwei Bistro-Gutscheine eine blaue Montur überstreift und sich als Bordtechniker ausgibt.

GAST: Können Sie das Steak denn nicht einfach in der Mikrowelle auftauen?

BISTRO-MANN: Nein, geht nicht wegen Salmonellengefahr.

GAST (schaut in die Karte. »Beachten Sie auch unsere monatlich wechselnden Angebote auf der Sonderkarte«, steht dort): Können Sie mir die Sonderkarte zeigen?

BISTRO-MANN: Tut mir leid, aber die Märzkarte ist abgelaufen, und die Aprilkarte noch nicht da.

GAST: Sind denn die Speisen der Aprilkarte schon da?

BISTRO-MANN: Nein, natürlich nicht.

GAST: Dann nehme ich halt ein Stück Schokoladentorte.

BISTRO-MANN: Leider eingefroren und noch nicht aufgetaut.

GAST: Aber den Kuchen können Sie doch in den Ofen stecken!

BISTRO-MANN: Nein, dann schmilzt er.

GAST: Gibt es noch anderen Kuchen?

BISTRO-MANN: Alles eingefroren.

Der Grund für die scheinbare Verweigerungshaltung liegt natürlich wieder nicht in der Psyche des Bahn-Mitarbeiters, sondern im Boniersystem des Speisewagens: Jedes Stück Speise muss vom Servicemitarbeiter über ein Auswahlmenü per Tastendruck in die Bordkasse eingegeben werden. Seltsamerweise aber stimmen die in der Kasse abgespeicherten Speisen (und/oder die Preise) nie mit dem tatsächlichen Speiseangebot überein.[20] Je »komplizierter« der Wunsch, desto

---

20 Ohne weitere Recherche vermuten wir, dass die Kassensoftware unter der Ägide eines gewissen Bernd Dotterhauer angeschafft wurde.

unwahrscheinlicher die Übereinstimmung. So bleiben von vierzig Speisen, die theoretisch im Angebot sind, vielleicht drei, vier übereinstimmende übrig. Und etwas anderes dürfen die Bahn-Mitarbeiter nicht verkaufen. Da vielen engagierten Bistromännern und -frauen diese Tatsache überaus peinlich ist, erfinden sie Ausreden wie schmelzende Torten oder vermeintliche Salmonellen.

Dies ist auch der Grund, warum es Jens Köhler auf besagter Fahrt leider nicht gelang, eine Currywurst zu ordern. Genauer gesagt: Er hätte schon eine bekommen. Leider behauptete aber die Kasse, Wurst, Brot und Bier kosteten zusammen 8,90 Euro. Servicefachkraft Anette Buntschuh verlangte daraufhin genau diese Summe von Jens Köhler. Dieser glaubte zunächst an ein Missverständnis und zeigte Frau Buntschuh das Plakat vor dem Tresen, auf dem unmissverständlich ein Preis von 4,90 Euro ausgewiesen war. Daraufhin argumentierte die Bahnmitarbeiterin, die abgebildete und die von ihr gerade hergerichtete Currywurst seien »irgendwie« nicht identisch, weigerte sich allerdings, nähere Details zu nennen. Die Sache konnte auch vom hinzugezogenen Zugchef nicht geklärt werden und ebensowenig später von den Beamten der Bundespolizei, die Köhler jedoch sicherheitshalber wegen »Renitenz« in Gronau vor die Tür setzten. Er verbrachte die Nacht hungrig auf dem kalten Bahnsteig.

Noch übler erging es Katja Salewski aus Offenbach. Sie hatte das Salatangebot auf der Karte des BordRestaurants im IC von Recklinghausen nach Saarbrücken gänzlich falsch interpretiert. Dort waren ein grüner Salat mit einem Grundpreis und verschiedene Beilagen mit jeweils einem Aufpreis ausgewiesen. Salewski machte den Fehler, den Salat mit Putenfleisch UND Käsestreifen zu bestellen, obwohl das Kassensystem nur einen Salat mit Pute ODER einen mit Käse kennt. Als Frau Salewski, offenbar nicht als Erste, in aller Form auf ihrem Wunsch beharrte, erbleichte der Ober und rannte panisch zur Notluke des Speisewagens. Bevor die arme Frau auch nur ansatzweise verstand, was vor sich ging, brüllte er: »Bestimmt wollen Sie auch noch ein Extra-Stück Butter, was? Mir reicht's!« – und warf sich aus dem fahrenden Zug. Abgesehen von den komplexen Schuldgefühlen, die Katja Salewski trotz psychologischer Betreuung bis heute verfolgen, kam sie auch siebzehn Stunden zu spät.

TIPP

Bestellen Sie im Speisewagen nie das, was Sie wirklich wollen. Fragen Sie lieber den Kellner, was er Ihnen anbieten könne. Er wird etwas nennen, das seine Kasse sicher kennt. Egal, was es ist: Nehmen Sie es. Und wenn Sie aufgrund einer entsprechenden Durchsage mit der Vorstellung einer duften Rindsroulade mit Rotkohl und Kartoffelpüree ins Bistro kommen, sollten Sie die Flexibilität besitzen, auch mit einer Packung gepoppter Erdnüsse zufrieden zu sein.

Ihnen bleibt letztlich nur McDonald's am Zielbahnhof.

Sicherlich haben Sie sich schon gefragt, wovor – oder vor wem – die Servicekräfte eigentlich so viel Angst haben, dass sie es nicht wagen, gegen die störrische Technik zu rebellieren.

Das erfahren Sie beispielsweise auf einer frühmorgendlichen Fahrt mit dem EC 23 von Hamburg nach Dortmund. Sie betreten kurz nach der Abfahrt hungrig den Speisewagen und wundern sich, dass kein einziger Platz gedeckt ist. Auch im Bistro deutet nichts auf irgendeine Verkaufsabsicht hin.

Der trotzdem auffällig stark schwitzende Service-Mitarbeiter namens Raoul Butterschuh erklärt rundheraus, dass er den Speisewagen erst ab Dortmund öffnet. Da Sie dort aber schon wieder aussteigen wollen, fragen Sie höflich, ob der Mann Ihnen nicht einfach ein Frühstück aushändigen könne, damit sie es selbst an den Platz mitnehmen könnten. »Suchen Sie sich eins von der Karte aus«, grummelt Butterschuh daraufhin und zeigt auf einen unsichtbaren Aushang. »Hier steht nichts«, erwidern Sie. »Ja dann«, sagt der Ober und reicht Ihnen eine Karte über den Bistrotresen. Sie bestellen ein »Fitnessfrühstück«. »Das steht doch gar nicht drauf, ich kann Ihnen nur die Sachen von der Karte geben«, antwortet Butterschuh gereizt, der offenbar annimmt, Sie wollten ihn veralbern. Sie aber zeigen ihm, dass da sehr wohl ein »Fitnessfrühstück« auf der Karte steht. »Dann ist das die falsche«, mault der Ober. »Okay, geben Sie mir einfach irgendwas und einen Kaffee«, lenken Sie, mittlerweile sehr hungrig, ein (und befolgen damit endlich unsere Speisewagenregel). Wortlos reicht Ihnen der Service-Mitarbeiter einen Teller mit einem trockenen Croissant, einem Stück Butter und einem Töpfchen Marmelade für günstige 6 Euro 90.

Während vor Ihrem Kaffee noch eine extragroße Portion Citrostar 3000 durchläuft, fragen weitere Reisende nach dem Service im Speisewagen. »Sie sehen doch, dass ich alleine bin!«, bellt Butterschuh. Zustimmend nickt auch der zweite Mann hinter dem Tresen – der mit dem Anzug und einem schönen DB-Namensschild. Während Sie noch über die bahninterne Definition von »alleine« nachgrübeln, sagt der Ober zum Anzugmann: »Wenn ich hier einen Fehler mache, fragt ja kein Mensch, ob ich alle Gäste bedient habe!« Herr Namensschild nickt wieder zustimmend und macht eine Notiz. Denn er ist einer der gefürchteten Kontrolleure der Bahnspitze, dessen Aufgabe es beileibe nicht ist, mitzuhelfen, die inzwischen ca. 20 ausgehungerten Gäste am Bistrotresen zu bedienen. Statt-dessen verfasst er auf der Fahrt nach Dortmund drei weitere Notizen und lässt sich – eine Welle der Wut wabert durch den Wagen – ein Fitnessfrühstück zubereiten. Kurz bevor erste Fahrgäste fordern, ihn zu lynchen, bescheinigt er dem Ober völlige Fehlerfreiheit im Service aufgrund mangelnder Tätigkeit (Note 1), zieht auf freier Strecke die Notbremse und steigt zynisch lächelnd aus. (Es dauert drei Stunden, bis der Zug weiterfahren darf; die Szenen, die sich bis dahin abspie-len, verschweigen wir.)

Jean und die Möpse – Exkurs über internationale Speisewagen-Fantasien

Natürlich fällt es leicht, sich über die schlechte Behandlung im Speisewagen eines deutschen Zuges aufzuregen. Und spä-testens seit es solche Bücher wie dieses gibt, ist das schwer in Mode gekommen. Schauen wir deshalb der Fairness wegen einen Moment über die Grenzen und fragen uns, wie es Ih-nen ergangen wäre, hätten Sie nicht die deutsche, sondern irgendeine andere Bahn gewählt.

Italienische Variation

Hans aus Kassel reist mit einem nicht näher bezeichneten Zug von Venedig nach Bozen und kommt morgens in den Speisewagen. Leider ist kein Platz mehr frei. Im Bistro trifft er auf den Kellner »Salvatore«, der ihn freudig als »Presidente« begrüßt und nach der »Bella Signorina« fragt und wo er sie gelassen habe. Hans – seit seinem dritten Lebensjahr stockschwul – nuschelt sich irgendetwas in den Bart und macht gute Miene zum bösen Spiel. Zwar sind alle Brötchen aus (»futsch«), aber der angebotene Espresso mit Milchschaum und eine Pizza mit Funghi und doppelt Käse stimmen Hans irgendwie versöhnlich. Das Glas Vino rosso noch mehr. »Wo ist Signorina mit die schöne Augen?«, insistiert Salvatore, und Hans fragt sich das mittlerweile auch. Drei Tage später – ein Streik legte den Schienenverkehr lahm – erreicht der Zug Bolzano. Salvatore gibt noch einen Grappa aus, und Hans muss sich erst mal gründlich ausschlafen. Bella Italia.

US-Variation

Hans (»Joe«) aus Germany reist mit einem Überlandzug von Detroit nach Kansas und kommt morgens in den Speisewagen. Er wundert sich, dass kein einziger Platz gedeckt ist. Auch im Bistro gibt es keinen Service. Hans täuscht daraufhin einen Schwächeanfall vor und verklagt nach der Ankunft in Kansas City die Bahngesellschaft auf 60 Millionen Dollar Schadenersatz. Natürlich erhält er vor dem zuständigen Bezirksgericht recht, und die Bahngesellschaft ist pleite. 6 500 Mitarbeiter stehen auf der Straße. Ein amerikanischer Traum.

Rumänische Variation

Hans C. fährt mit dem Zug von Bukarest in die Karpaten. Morgens um sieben übermannt ihn der Hunger. Er will in den Speisewagen gehen, doch leider ist ein solcher Service in Rumänien gänzlich unbekannt. So bleibt ihm nur die Wahl, auf freier Strecke abzuspringen oder eine zahnlose Alte anzubetteln, ihn an ihren Knoblauchzehen lutschen zu lassen. Keine leichte Wahl.

Holländische Variation

Hans Meiser macht mit dem Zug eine Fahrt einmal quer durch ganz Holland. Auf der ca. 20-minütigen Strecke bekommt er schrecklichen Hunger und betritt den Speisewagen. Oberkellner Jan van de Poomst bietet dem Ausgehungerten sofort ein Kilo Gouda an. Ein Problem: Der Käse rutscht nicht gut, und Hans hat gerade noch elf Minuten Zeit. Damit es besser geht, haben van de Poomst und seine griffige, blonde Assistentin Linda de Prol einen Schieber Maasdamer zur Hand, garniert mit kleinen Leerdamer-Häppchen. Meiser muss spontan erbrechen, wird dabei aber heimlich gefilmt, denn auch in diesem Zug lauern einige Mitarbeiter der rund 76.000 niederländischen TV-Produktionsfirmen. Drei Monate später ist Meiser schon Ehrengast bei »Lass dir übergeben«. Es ist der Beginn einer wunderbaren TV-Karriere.

Französische Variation

Jean kommt morgens in den Speisewagen. Er ist vom ganzen Gras und Koks noch völlig high und hat auch keine Ahnung, wo dieser crazy Zug eigentlich hinfährt. Krass. Ist aber egal. Die blonde Tante hinterm Tresen hat jedenfalls Mega-Möpse und grinst Jean breit an. »Willst du mit mir schlafen?«, fragt sie auf Französisch. Es sind die einzigen Worte, die Jean versteht, und es ist klar, dass er das will. Die nächsten drei Stunden tun es die beiden ausgiebig im rosa ausgelegten Dienstabteil, und Jean fühlt sich wie im siebten Himmel. Die Blonde jobbt nur nebenbei bei der Bahn, ist von Beruf eigentlich Model und trägt am liebsten High Heels, Strapse und kurze Röcke mit nichts drunter. »Ist ja der Hammer, dass die auf mich steht!«, denkt Jean (ein Meter fünfundsechzig, schütteres Haar und deutlicher Bauchansatz). Erst das Erwachen in einer französischen Ausnüchterungszelle lassen bei ihm leise Zweifel aufkeimen, ob mit den bunten Pillen gestern Abend in der Disco wirklich alles in Ordnung war.

Wie Sie sich im Zweifelsfall verhalten

Bahnfahren kann sehr schön sein, selbst in Anbetracht des Zugbegleiters, bei Hunger und Durst und stundenlanger Verzögerung des Betriebsablaufes. Moment, werden Sie jetzt sagen: Wollen die Autoren mich jetzt auf den Arm nehmen? Ist dieser Ratgeber sein Geld also doch nicht wert?

Bevor Sie die Beschwerdehotline des Verlages wählen (und damit deutlich dokumentieren, dass Sie bislang nichts verstanden haben), machen Sie sich doch einmal das Vergnügen, in einen leeren Zug zu steigen. Manchmal wird an den Startbahnhöfen schon Stunden vor Abfahrt ein ICE der neuesten Generation bereitgestellt. Trauen Sie sich! Betreten Sie dieses Wunderwerk deutscher Technik. Bewundern Sie das Design, die durchdachte Lichtgestaltung, die angenehm dezenten Farben der Wände, des Teppichbodens. Lassen Sie sich vom modernen Holzinterieur beeindrucken, probieren Sie die körperformbetonten Sitze – am besten die aus Leder in der ersten Klasse. Gehen Sie durch den ganzen Zug. Lassen Sie sich nun inspirieren von der durchdachten Gestaltung der Sitzbereiche mit den flexibel klappbaren Tischen und Steckdosen an jedem Platz, der Bereiche für Kofferablagen, der Ruhezonen. Bewundern Sie die gekonnt reduzierte und dennoch gemütliche Einrichtung des Speisewagens und des im Stil einer modernen Szenebar gestalteten Bistros. Lassen Sie sich überraschen, wie hygienisch und frisch die modern ausgestatteten Toilettenanlagen auf Sie wirken. Probieren Sie ruhig eine aus. Dank Absaugtechnik darf man neuerdings auch im Bahnhof. Wandern Sie durch den Zug bis zur Zugspitze, wo ein transparentes Cockpit den Weg auf die Strecke freigibt. Sie brauchen nicht mehr auf die Sendung »Die schönsten Bahnstrecken Deutschlands« nachts im Ersten zu warten. Hier passiert es live!

Ja – saugen Sie diese Atmosphäre mit allen Sinnen in sich auf und halten Sie diese Eindrücke ganz fest. Denn beim Bahnfahren selbst werden Sie all dies niemals genießen können. Der Grund dafür ist profan, und ausnahmsweise ist die Deutsche Bahn nur mittelbar schuld:

Es sind Ihre Mitreisenden. Sie verstopfen die Gänge, verschmutzen die Toiletten, essen im Speisewagen Ihre Lieblingsspeisen weg, blockieren die besten Plätze, lärmen, lachen, hören unerträgliche Musik, telefonieren, drängen Ihnen Konversation auf oder ziehen, wenn der Zug ausnahmsweise mal pünktlich ist, die Notbremse. Oder aber sie kollabieren (ganz ohne Not, denn sie haben ja längst einen Sitzplatz!) zwischen Leipzig und Berlin auf einem Streckenabschnitt, der für Notärzte faktisch unerreichbar ist.

TIPP

Sobald sich in einem Zug mehr Reisende als Sie selbst befinden, wird die Reise zu einer Tortur – unabhängig von allen übrigen betriebsbedingten Erschwernissen. Führen Sie daher stets genügend nervenberuhigende Medikamente mit sich und absolvieren Sie vor Antritt jeder Fahrt einige Übungen in autogenem Training. Sie werden das brauchen.

Bahnreisende, die unvorbereitet (und ohne dieses Buch) aufbrechen, werden spätestens von den anderen Mitreisenden zwangsläufig zur Verzweiflung getrieben. Ihnen wird das nicht passieren, denn auch mit den entsetzlichsten Zeitgenossen kann man umgehen – manchmal sogar mit Erfolg.

Stöcker und die Handygang

Wenn Sie im ICE im Großraumwagen fahren, sitzt am Gang neben Ihnen *Stöcker*. Stöcker hat ein Handy. »Stöcker hier«, brüllt er hinein. Und dann erfahren Sie von dem Problem mit dem Netzwerkdrucker. Der druckt Sachen aus, die er nicht drucken soll. Während Stöcker dies lautstark vertieft, schrillt das Handy der Ihnen gegenübersitzenden Mitreisenden. Es ist ein sehr individueller Klingelton aus einer Daily Soap, und es ist klar, dass man ihn auch im Zug nur in voller Lautstärke genießen kann – auch deswegen, weil sich Ihr Gegenüber viel Zeit lässt, bis sie ans Telefon geht. »Na, bist du schon mit allen Formalitäten durch?«, will sie verschwörerisch wissen.

Nicht lange, und es wird allen interessierten (und, da sie Stöcker übertönen muss, auch allen nicht interessierten) Mitreisenden klar, dass die Frau heiratet. Ein Durcheinander sei das mit diesen ganzen Unterlagen. Die Eltern sind doch aus dem Osten, da ist alles anders. »Und ist es nicht makaber?«, will sie wissen. »Gerade heute hat mein Vater seine Scheidung durch …«

»Hier ist der Uwe, bist du jetzt auch in Bochum?«, fragt es quer durch den Wagen, zum Schrecken etlicher Mitfahrer, denn der Zug ist nicht in Bochum, und er fährt auch nicht dorthin. Aber selbst wenn Sie wollten, könnten Sie Uwe nicht darauf aufmerksam machen, denn Ihr Gegenüber macht sich nun Gedanken um das Catering der Hochzeitsfeier, und Stöcker ist immer noch dem Druckerproblem auf der Spur – es ist sein Anruf Nummer siebzehn, und er hat jetzt den Einkauf dran. »Dann lass uns das beim Golf in Ascheberg bereden«, schlägt Uwe vor und geht zum Werdegang von Dirk über. Der ist ziemlich unfähig, hat Dreck am Stecken und ist nur wegen seiner Beziehungen seit Kurzem Bezirksleiter von irgendeiner leider vernuschelten Firma, die er in den Ruin treiben und dann eine fette Abfindung kassieren wird.

Wie viel, ist schwer zu verstehen, denn da ist noch Eduard. Er hat das Pech, bei einem Netzanbieter ohne gute Abdeckung zu sein, und versucht, diesen Mangel durch Lautstärke auszugleichen. »Kati, ich bin's, Eduard«, ruft er mit Tenorstimme ins Handy, »ich bin im Zug! Ich habe mein neues Handy dabei und wollte mich nur mal melden!« Aber dann ist die Verbindung schon wieder weg, und Eduard wählt erneut (nicht aus dem Adressbuch, nein, direkt, und jeder Tastendruck erzeugt einen quäkenden Ton[21]). »Schwer mit der Kommunikation«, ruft Eduard, »sehr schwer mit der Kommunikation. Kati, wie geht es dir? Was macht Alberts Bein?« Aber die Antwort erreicht ihn schon nicht mehr, sodass er erneut wählen muss – »wirklich sehr schwer mit der Kommunikation!« Wählt er einmal nicht sofort, ruft Kati an; dann ist nicht zu überhören, dass Eduard als – auf vollste Lautstärke gestellten – Klingelton den Flohwalzer bevorzugt, seltsamerweise in der Technoversion.

---

21   Es handelt sich hier um einen ganz neuen Service im »Jamba-Spar-Abo«: Herunterladbare Tastentöne. Da wäre z.B. der getretene Hund (nervtötendes Aufjaulen), der an die Wand genagelte Hamster (erbärmliches Nies-Röcheln) oder wie im vorliegenden Fall der zerquetschte Frosch (würgendes Quaken). Jamba versichert allerdings, dass die Töne synthetisch erzeugt werden und keine Tiere leiden mussten. Jedenfalls nicht so sehr wie die Mitmenschen.

Selbst Ohrenstöpel helfen Ihnen da nicht mehr weiter; vor Ihnen kreischt eine schwarz gelockte Dame in ihren Apparat, dass sie Notärztin sei und dass das alles so nicht gehe, aber umsonst: Am mit schwerer Verspätung erreichten Zielbahnhof ist das Druckerproblem noch immer nicht gelöst, Alberts Beinzustand nicht ausreichend geklärt, das Catering noch offen, und Uwe denkt immer noch, er sei in Bochum (und Sie möchten ihn gar nicht« mehr über die Wahrheit aufklären). Sie steigen aus, und Ihre Gedanken sind bei den Mitarbeitern, deren Gehaltsabrechnungen jetzt jemand in der Berliner Torstraße druckerbedingt mitlesen kann. Und gleich morgen geht's weiter. Stöcker nimmt zurück nämlich den ICE um 8.49 Uhr. Ihren ICE!

So gehen Sie mit Stöcker und seinen zahlreichen Freunden um

Grundsätzlich müssen Sie sich zunächst fragen, was Sie selbst für ein medialer Typus sind. Lieben Sie »Gute Seiten, schlechte Seiten«, »Printenstraße« oder irgendeine Telenovela? Dann sollten Sie die Sache positiv sehen. Die Drehbücher der genannten Fernsehsendungen sind definitiv schlechter als das hier gebotene Schauspiel. Lehnen Sie sich entspannt zurück und folgen Sie den verschiedenen Handlungssträngen, Sie haben ja hoffentlich ohnehin nichts zu tun, und die Fahrt wird noch lange dauern. Scheuen Sie auch nicht davor zurück, bei den Beteiligten interessante Details noch einmal nachzufragen: »Wie lautet noch gleich der Name dieser Firma?« »Welcher Versager von IT-Chef hat denn eine solche Software-Ruine eingekauft?« »In welchem medizinischen Fachgebiet haben Sie eigentlich Ihren Doktor gemacht?« Oder geben Sie ruhig mal einen konstruktiven Tipp: »Ich würde ein flying buffet nehmen, das haben wir bei unserer Hochzeit auch gemacht.«

Wenn Sie hingegen eigentlich jede Menge zu tun haben und sich über den ganzen Handymüll ärgern, das aber nicht so direkt sagen mögen, empfiehlt sich die Strategie der Vorwärtsverteidigung: Mischen Sie sich mit eigenen – kritischen – Beiträgen in die Gespräche ein: »Die im Osten kriegen doch nichts gebacken. Wie kann man da heiraten? Vielleicht ist der Typ auch nicht der richtige. Haben Sie ein einziges Mal darüber nachgedacht?« oder: »Bochum? Wir fahren nicht nach Bochum, sondern nach Bottrop. Bochum wird heillos überschätzt. Bottrop dagegen …«

Hilft das immer noch nicht, beginnen Sie selbst ein (fingiertes) Telefonat, bei welchem Sie die Lautstärke nach und nach auf Orkanvolumen steigern. Wählen Sie dabei möglichst stupide Themen – eine Persiflage[22] auf Eduards Telefonate, bei der Sie Ihr Schreien damit begründen, dass es hier so laut ist, oder möglichst unappetitliche Themen wie den künstlichen Darmausgang von Opa Welm, das überlagerte Essen im BordBistro oder Impressionen aus dem Tschetschenien-Krieg, an dem Sie angeblich teilgenommen haben (die Erwähnung von Letzterem wird Sie zugleich sehr effektiv vor Anfeindungen schützen). Wenn auch das nichts hilft: Im Spionagebedarf gibt es gegen viel Geld Geräte, die alle Handys im Umkreis von ein paar Hundert Metern lahmlegen. Allerdings wird das Ihre Mitfahrer nicht davon abhalten, noch längere Zeit in ihre Kästen zu brüllen.

---

22 Wir geben zu: In der Regel lässt sich diese Realität nur schwer toppen. Versuchen Sie in dem Fall, mitzuhalten, so sehr Sie können, und ziehen Sie sich eine Clownsmaske (ersatzweise eine Unterhose) über den Kopf.

Kleinkinderalarm (nein: Wir lieben Kinder!)

Janina-Libella Simmerscheidt-Henseler ist acht Jahre alt und fährt gerne Zug, vorzugsweise mit ihrer völlig überforderten, alleinerziehenden Mutter Annkathrin Simmerscheidt-Henseler. Dieses Duo Infernale wird zwangsläufig dann auftauchen, wenn Sie dringend Ruhe brauchen und zum Beispiel auf Ihrem Laptop ein lebenswichtiges Meeting vorbereiten oder dringend schlafen oder mit Opa Welm telefonieren müssen. »Mama, wann kommt denn der Schaffner«, wird Janina-Libella fragen – und weil Mama es nicht genau weiß, wird Janina-Libella die Frage endlos und in ohrenbetäubender Lautstärke wiederholen. Mama hat ganz offensichtlich nicht allzu viel dagegen. Taucht der Zugbegleiter dann am Ende des Großraums auf, schreit Janina-Libella quer durch den Wagen: »Ich will eine Kinderfahrkarte.« Und beginnt zu schreien. Jeder zaghafte Versuch der augenberingten Mutter, das Gör zum Schweigen zu bringen, endet in noch lauterem Schreien. Hat der Zugbegleiter Janina-Libella dann endlich mit der gewünschten (doppelten) Kinderfahrkarte versorgt und ist verschwunden – nicht ohne mitleidiges Lächeln in Ihre Richtung –, spielt das Mädchen Schaffner. »Fahrkarten, bitte«, plärrt es Sie an, während Sie gerade fassungslos auf eine zusammenbrechende Excel-Datei blicken. Und egal, was Sie jetzt tun, Janina-Libella wird dieses Spiel während der gesamten 90-stündigen Reise von München nach Augsburg penetrant fortsetzen, wobei sie geflissentlich die schwachen Einwürfe Ihrer Mutter (»Lass den Herrn mal arbeiten, du sollst nicht an den fremden Computer gehen, schau, jetzt hast du's kaputt gemacht...«) komplett ignoriert.

So gehen Sie mit Janina-Libella um

Mit konventionellen Methoden kommen Sie hier kaum weiter. Gehen Sie auf das Kind ein, motiviert das Janina-Libella zu einer noch höheren Frequenz im »Ich-bin-der-Schaffner-Spiel«. Verbieten Sie ihr, Sie anzusprechen, wird sie losheulen – mit dem Ergebnis, dass Sie im gesamten Großraum als kinderhassender Gesellschaftsfeind behandelt werden. Ignorieren Sie Janina-Libella, wird sie immer aufdringlicher werden und schließlich mit ihren schokoladenverschmierten Händen über Ihren Laptopbildschirm patschen.

Einziger Ausweg: Laden Sie Mutter und Kind in den Speisewagen ein und spendieren dem Blag mehrere Schokoladentorten, ein Dutzend Knusperriegel und sieben Gläser Cola. Der Zuckerschock wird Janina-Libella über kurz oder lang zu Boden zwingen. Spätestens nach einer halben Stunde schläft sie ein. Kleines Problem: Jetzt haben Sie Annkathrin am Hals (und fragen sich, ob die ihre Tochter vielleicht absichtlich …). Denn die wird Dinge sagen wie: »Sind Sie auch aus Augsburg? Sie glauben nicht, wie oft ich ihr schon gesagt habe, sie soll ihre Finger von anderer Leute Sachen lassen. Irgendwie erinnern Sie mich an meinen Ex-Mann, Sie haben auch so schöne, große Hände …«[23]

Nachtrag: Wenn Sie die Mutter von Janina-Libella sind und nun auf ein Kapitel zum Umgang mit Kinderfeinden hoffen vergessen Sie's.

---

23   Das ist der Moment, in welchem Sie aufspringen und das nächste Zug-WC aufsuchen sollten, wo Sie dann sicherheitshalber die letzten Stunden bis zur Ankunft verbringen. Alternativ können Sie versuchen, in eine Ihnen, nicht aber Annkathrin bekannte Fremdsprache zu wechseln und stur dabei zu bleiben – zugegeben ein Lotteriespiel.

Der Klopfer

Durch *Michael Bönningers* Adern pulst pures Adrenalin. Anders ist es nicht zu erklären, dass es ihm nicht reicht, Ihnen gegenüber am Tisch zu sitzen und wie ein Maniac durch zwölf Comics zu blättern. Er muss auch noch mit dem rechten Knie einen Sechzehntel-Fantasietakt dazu klopfen. Dummerweise genau gegen Ihr Bein, von dem er wahrscheinlich denkt, es sei das Tischbein. Oder gegen das Tischbein, was Sie aber so heftig spüren, als wäre es Ihr Bein. Jedenfalls werden Sie vor Ihrem Buch durchgeschüttelt wie nichts Gutes. Möglicherweise spielt bei der Taktfrequenz auch der iPod eine Rolle, den Michael Bönninger in den Ohren hat.

Ein verzweifelter Blick in Bönningers ausdrucksloses Gesicht sagt Ihnen eindeutig, dass dieser Kerl (immer wieder auch weiblich) mit Sprache, egal welcher, nicht zu erreichen ist.

So gehen Sie mit Michael Bönninger um

Hier empfiehlt sich das Stufenprinzip der Eskalation nach Fischer-Diesgon – zugegeben nicht Sache von Feingeistern, aber zweckmäßig: Werfen Sie ihm zuerst sehr freundliche Blicke zu (die ihn nicht beeindrucken werden, aber Ihnen das Folgende leichter machen). Nähern Sie dann Ihr Gesicht seinem Gesicht bis auf zehn Zentimeter und nicken Sie dümmlich lächelnd in seinem Takt (er wird durch Sie hindurchsehen, aber Sie sind endlich so in Rage, dass Sie auch den folgenden Schritt gehen). Beginnen Sie dann, Ihrerseits den Takt auf dem Tisch zu klopfen, nur deutlich heftiger als er (wenn Ihnen das leichter fällt: Singen Sie dazu etwas im Stil von »Hu, ha, Dschinghis Khan. Hey Reiter, ho, Reiter…«). Scheuen Sie auch nicht davor zurück, den Takt auf seinem Fuß zu klopfen, auf seinem Arm oder, wenn es sich ergibt, auf seinem Kopf. Setzt er verwundert oder verärgert den Kopfhörer ab, springen Sie auf, ziehen Sie ihn hoch und tanzen Sie mit ihm Galopp-Polka durch den Mittelgang, wobei Sie weiterhin singen, so laut Sie können. Beginnen Sie dann, zu schuhplatteln (keine Scheu – wie das richtig geht, wissen ohnehin die wenigsten).

Michael Bönninger wird Sie ziemlich schnell verlassen.

Die gute Frau aus Baden und ihre Schwestern

Ilma-Ursula Armbruster engagiert sich. Sie ist zweite Vorsitzende des Tierschutzvereins, sie organisiert die Stricknachmittage der Caritas, sie leitet jedes Jahr die Tombola der Freiwilligen Feuerwehr, und sie arbeitet halbtags im Stadtteilbüro der Verbraucherzentrale. Sie werden Ilma-Ursula immer dann in Zügen finden, wenn irgendwo ein Amnesty-International-Charity-Konzert oder ein Kirchentag stattfindet. Dann wird sie in der Berliner S-Bahn sitzen und mit badischem Akzent zu ihrer Kirchentagsbesucherfreundin sagen: »Das ist doch schön hier.«

Das allein wäre nicht schlimm. Aber sie wiederholt das ständig. Und sehr laut (das ist in besonders abgelegenen Gegenden Badens zweifellos nötig). Während Sie Ignorant sich noch fragen, ob sie wohl die abgewetzten Sitze, die beschmierten Fenster oder einfach allgemein das Vorhandensein von S-Bahnen meint, lächelt die Dame milde und glückerfüllt und zählt laut und deutlich alles auf, woran die Bahn vorbeifährt. Die Menschen. Die Straßen. Die Häuser. Die Bäume. Die Hunde, die an den Bäumen ihr Geschäft verrichten. Die Liebenden, die in die Hundehaufen treten. Es ist schön, wenn sich Menschen freuen können. Über alles. All das wäre immer noch nicht ganz so schlimm, wenn Ilma-Ursula nicht immer in Rudeln auftreten würde, die sich selbst ein vielfaches, sich ständig verstärkendes Echo sind.

So gehen Sie mit Ilma-Ursula um

Gleich vorweg: Gegen so viel Gutmenschentum ist kein Kraut gewachsen. Sie, die Sie gerade den Anschiss Ihres Lebens vom Chef, die letzte Gas-Nachzahlungs-Aufforderung oder einen Ordnungswidrigkeitsbescheid wegen Handynutzung am Steuer erhalten haben und vor Wut kaum denken können, sind dieser in sich ruhenden Person in vielfacher Ausführung hilflos ausgeliefert. Sie könnten sie anschreien (sie wird weiter lächeln), ihr die Handtasche rauben (sie wird Verständnis für die sozialen Brüche in der Großstadt äußern) oder sie mit einer klebrigen Flüssigkeit besprühen (sie hat feuchte Kleenex dabei). Es hilft alles nichts. Machen Sie daher aus der Not eine Tugend. Sagen Sie ihr, dass Sie Ihre Brieftasche verloren haben und Ihnen jetzt noch 7 Euro 20 für die Fahrkarte nach Königswusterhausen fehlen. Ilma-Ursula wird Sie auch dann mit Mitgefühl und Verständnis weiter so nerven, dass Sie noch tagelang unter Atemnot leiden werden. Aber immerhin haben Sie jetzt 7 Euro 20 mehr in der Brieftasche, von jeder Ilma-Ursula aus der zehnköpfigen Gruppe.

Nachtrag: Ilma-Ursula kann auch in ganz anderer Form auftreten, nicht als Kirchentagsbesucherin, sondern als weibliches Mitglied eines Schlachtenbummlerinnen- oder Frauenfußballvereins. Oder einer Reisegruppe, die ihre Männer vorübergehend verlassen hat und sich im rheinischen Karneval mal richtig amüsieren will. In diesen Fällen beschränkt sie sich nicht darauf, alles schön zu finden. Vor allem, wenn Sie ein Mann sind, der einzige im Umkreis, hilft dann nur eins: Verlassen Sie das Abteil, so schnell Sie können.

Nur für starke Nerven: Die Säge

Markus Greining ist durch den Wind. Kein Wunder, denn er versteht das Leben nicht. Wenn Sie ihm in der Stadt begegneten, würde er Sie garantiert nach dem Weg fragen, Ihre Erklärung jedoch ignorieren und sich in die exakte Gegenrichtung begeben, um gleich den Nächsten anzuquatschen. Und Bahnfahren verwirrt ihn erst recht komplett (was man in Teilen nachvollziehen kann).

Nehmen Sie an, Sie fahren mit einer schimmligen Regionalbahn von Plattling nach München, sitzen eingeklemmt zwischen Toilette und Behindertenplatz und telefonieren mit Ihrem Handy. Oder besser gesagt, Sie versuchen es, Markus Greining läuft vor Ihnen auf und ab. Schließlich quatscht er in Ihr Telefonat und will eine Auskunft zu seiner Fahrkarte. Sie sagen, dass Sie da nicht helfen können, und verneinen auf Nachfrage, der Zugbegleiter zu sein. Greining scheint das nicht so recht zu glauben, jedenfalls zeigt er Ihnen seine Fahrkarte und redet penetrant weiter auf Sie ein. Ihr Gesprächspartner – es ging um das unakzeptable Verhalten Ihres Sohnes in der Mathestunde oder um ein Millionengeschäft mit Chile – hat längst stinksauer aufgelegt oder ist ganz kurz davor.

So gehen Sie mit Markus Greining um

Gleich vorweg: Bei diesem Typen ist äußerste Nervenstärke gepaart mit gröbster Unhöflichkeit gefragt. Denn wie Sie

schnell merken werden, ist jeder Versuch, auf Greining ein-
zugehen, um dann Ruhe vor ihm zu haben, zum Scheitern
verurteilt: Würden Sie etwa Ihr Telefonat einfach fortsetzen,
wird er hartnäckig bleiben. Ob er mal Ihr Handy haben könne, wird er dann noch fragen. Ausreden wie »Ich telefoniere
doch gerade« akzeptiert er nicht. Er müsse schließlich seinen
Bruder anrufen. Und ihm eine SMS schreiben. Und dabei
wird er schon seine sichtlich schmutzigen Finger nach Ihrem
Gerät ausstrecken.

Nein, wie gesagt, gegen Greining helfen nur zwei sehr
handfeste Strategien:

Die aufwendigere (nur für nervenstarke Leser dieses Rat-
gebers geeignet) setzt auf permanente Verwirrung und Be-
schäftigung Greinings. Drehen Sie den Spieß um und verwirren Sie den Mann durch falsche Antworten und Ihrerseits
gestellte unsinnige Fragen oder sogar durch kleine Aufträge.
Lassen Sie sich nicht auf der Nase herumtanzen!

Ein typischer Dialog nach der Anti-Greining-Methode
sieht so aus:

GREINING (steht leicht sabbernd vor Ihnen): Können Sie
    mir noch mal Ihr Handy leihen? Ich muss meinem Ar-
    beitskollegen sagen, dass er die gelben Decken mit den
    Blümchen mitbringt.
SIE (mit stahlhartem Blick): Das ist ein Dienst-Handy. Da-
    mit darf man keine Privatgespräche führen.
GREINING: Ich kann auch bloß 'ne SMS schicken.
SIE: SMS ist abgeklemmt.
GREINING (guckt skeptisch): Und haben Sie kein privates?
SIE: Nein, aber fragen Sie doch jemand anderes. Hier sitzen
    ja genug Leute rum.

GREINING: Wenn Sie aber eins hätten, hätten Sie es mir geliehen?

SIE: Ja, selbstverständlich.

GREINING: Das ist aber sehr nett, danke! Kann ich mal einen Stift haben?

SIE: Können Sie. Aber Sie müssen vorher dem Zugbegleiter Bescheid sagen, damit alles seine Ordnung hat.

GREINING: Wegen dem Stift?

SIE: Ja. Das ist ein besonderer Stift. Der Zugbegleiter ist vorne bei der Lok.

GREINING (skeptisch): Ich soll da hin?

SIE: Ja, sonst geht es doch nicht. Wissen Sie eigentlich, ob wir schon am Abzweig Durrbach vorbei sind?

GREINING (zunehmend jämmerlicher): Nein, weiß ich gar nicht.

SIE: Können Sie dann bitte mal fragen? Es ist wichtig für mich!

GREINING: Aber …

SIE: Der Zugbegleiter ist vorne, wissen Sie. Gehen Sie schnell. Der ist sonst weg.

GREINING (verzweifelt): Weg? Wieso denn?

SIE (laut): Der steigt in Ansbach aus. Gehen Sie! Es ist wichtig!!

Lassen Sie keinen Moment Zweifel an Ihrer Position aufkeimen. Wiederholen Sie (nötigenfalls mit immer absurderen Argumenten wie »Das ist doch jetzt im November unumgänglich«) Ihre Forderung, Greining solle zum Zugbegleiter gehen. Macht sich der Verwirrte dann endlich auf den Weg, sperren Sie sich auf dem nächsten Klo ein und verlassen Sie den Zug erst, wenn Ihr Zielbahnhof erreicht wird. (Für die

Frage, wie Sie den bestialischen Gestank einer Regionalbahntoilette überleben, haben wir allerdings auch keine echte Lösung.)

Die zweite, alternative Strategie ist wesentlich einfacher, jedoch nicht vollständig mit dem Strafgesetzbuch (StGB) kompatibel: Setzen Sie Greining einfach mit einem gezielten Handkantenschlag für den Rest der Fahrt außer Gefecht. Auch die anderen Fahrgäste werden Ihnen dankbar sein.

Klassenkämpferin oder wandelnde Zumutung?

Immer wieder setzen sich Menschen in die falsche Klasse, und zwar immer in die erste. Da steht an den Wagen eine »1«, an den Türen steht es auch. Ebenfalls merkt man es am Interieur: mehr Platz, feinere Sitze, nur drei Stück pro Reihe. *Rose Luxenstolz* ist das egal. Niemand weiß, was sie umtreibt. Ist es der gerechte Kampf gegen die Zweiklassenbahngesellschaft? Kann sie nicht lesen und schreiben beziehungsweise stammt sie aus einem Kulturkreis, der die bei uns übliche arabische Ziffernfolge (1, 2, 3 …) nicht versteht? Zumindest ihre Ausdrucksweise bei der ersten Kontrolle durch einen Zugbegleiter legt es nahe. Hier versteht sie kein Wort, stammelt eine Mischung aus sehr gebrochenem Deutsch, Französisch, Polnisch und Englisch, was insofern bemerkenswert ist, als sie vorher fehlerfrei und lautstark telefoniert hat, wobei sie (aber das wundert dann keinen mehr) das Handyverbotszeichen geflissentlich übersah.

Man kann sich doch mal irren, werden Sie einwenden. Aber, wie gesagt: Rose sitzt immer in der falschen (ersten) Klasse, in der zweiten begegnen Sie ihr nie. Die füllige Endvierzigerin mit struppiger Frisur und Trainingsanzug aus

Ballonseide blockiert gerne einen Vierertisch, geht dann in den benachbarten Speisewagen, um sich einen Kaffee zu holen, und passiert dabei mindestens dreimal die »1«. Auf dem Rückweg wühlt sie dann in Ihren Zeitschriften. (Sie können zufälligerweise vom Speisewagen aus durch die Glastür Ihren Platz sehen.) Man kann es ihr vermutlich nicht verübeln: Rose hat offenbar einen umfassenden Begriff von »Service am Platz« und denkt, Ihre Zeitschriften gehören ebenso dazu wie das Faltblatt »Ihr Fahrplan« und das Kundenmagazin der Bahn. Vielleicht denkt sie auch, Ihre Geschäftsunterlagen seien neue Kundenmagazine der Bahn. Vermutlich würde sie als Nächstes Ihre Jacke anprobieren und dann nachsehen, was Ihre Reisetasche an weiteren Serviceleistungen bietet.

Aber da kommt der Zugbegleiter (es handelt sich leider nicht um Kurt Schmöller, sondern um Nils Probe, der weitaus geduldiger ist). Und – o Wunder – sie merkt, dass sie in der falschen Klasse sitzt. Was sie allerdings erst bei der dritten Aufforderung durch den herbeigeholten Zugchef einsieht, der ihr nach einem multisprachlichen Wortgefecht Handgreiflichkeiten und den Rauswurf androht. Dann endlich packt sie ihre drei Koffer, einen Seemannssack und drei Tüten und schleppt diese durch den Speisewagen in die zweite Klasse, wobei sie herumstehendes Gepäck umwirft, Ihren grünen Tee zu Boden befördert und den Kellner anrempelt. Was Rose aber alles nicht weiter stört, da sie nach dem Motto verfährt, dass, wenn man die Umwelt nur hartnäckig genug ignoriert, sie sich den eigenen Wünschen vermutlich irgendwann anpasst. So lässt sie sich auch in der zweiten Klasse so raumgreifend wie möglich nieder und prangert bei jedem Vorbeikommen eines Zugbegleiters von Neuem die in höchstem Maße diskriminierende Kundenfeindlichkeit der Bahn an.

So gehen Sie mit Rose Luxenstolz um

Sehen Sie Rose nicht als Feind an. Im Gegenteil: Sie ist Ihr heimlicher Verbündeter! Zumindest, wenn Sie erste Klasse fahren. Denn bedenken Sie Folgendes: In der Regel werden Sie auf dem Bahnsteig nicht zu den glücklichen Siegern des Wettbewerbs um die wenigen guten Plätze gehören. Das heißt, Sie werden nach dem Einstieg entweder auf dem Gang stehen oder aber auf reservierten Plätzen sitzen und an jedem Bahnhof von einem bis zwei griesgrämigen Platzinhabern verjagt. Schließlich sind dann die einzigen freien Plätze im gesamten Zug die vier, auf denen sich Rose breitgemacht hat. (Sie stellt ihre Koffer und Plastiktüten auf die Sitzgruppe und breitet zudem teilweise den Inhalt, bestehend aus schmutzigen Unterhosen und halbgefüllten Colaflaschen, über Tisch und Sitze aus. Zaghafte Fragen wie harsche Proteste der auf dem Gang Stehenden ignoriert sie schlichtweg.)

Postieren Sie sich nun unauffällig neben dem Platz von Rose. Sie brauchen hierfür etwas Stehvermögen, denn der Zugbegleiter wird eine erhebliche Zeit benötigen, um den Platz frei zu bekommen. Lächeln Sie Rose immer wieder heimlich zu – allein damit sie die Colaverschlüsse nicht in Ihre Richtung schnippt –, werfen Sie aber gleichzeitig den Umstehenden schulterzuckend und mit dem Kinn auf sie weisend einen sehr ärgerlichen Blick zu und schütteln Sie den Kopf. Das schafft Solidarität mit den übrigen Platzlosen.

Hat es der Zugchef dann endlich geschafft, den radebrechenden Alptraum zu verjagen, sind Sie in der Poleposition: Sie sollten es schaffen, zumindest einen der vier frei werdenden Plätze zu ergattern. Aber Vorsicht: Setzen Sie sich nicht in den ausgelaufenen Nudelsalat! Fahren Sie hingegen in der zweiten Klasse und Rose nähert sich Ihnen nach ihrem Verweis aus der ersten schimpfend und spektakelnd, können Sie nur noch versuchen, Ihrerseits in die erste zu wechseln. Selten hat sich ein Aufpreis so gelohnt.

Der psychedelische Stinker

Es ist Freitagnachmittag, halb vier. Sie reisen von München nach Augsburg und hoffen, vor Mitternacht dort zu sein. Sie sitzen im Abteil – und der Platz neben Ihnen ist wundersamerweise frei. Was zunächst als Vorteil erscheint, wird sich in den nächsten Minuten zum Alptraum wandeln. Denn glauben Sie ja nicht, dieser Platz bliebe dauerhaft unbesetzt. Während Sie etwas hilflos Ihre Jacke und eine Aktentasche auf dem Nachbarsessel drapieren, geht die Tür auf, und *Michael Morchel* (Name geändert) betritt das Abteil. Obwohl es noch einen weiteren freien Platz inmitten einer biertrinkenden Frauenfußballmannschaft gibt, fragt er in knappen, leicht vorwurfsvollen Worten nach dem Platz an Ihrer Seite, und widerwillig geben Sie ihn frei.

Gleich in den ersten Minuten fällt Ihnen dieser durchdringende Geruch auf, eine Mischung aus kaltem Schweiß, Zigaretten und Bierfahne. Morchel ist offenkundig dennoch streng praktizierender Umweltschützer, er spart Wasser und bietet zudem seine Körperoberfläche als Biotop an. Er findet es auch ganz natürlich, nach einem schweren Arbeitstag seine Schuhe auszuziehen. Details über die Verfassung seiner Strümpfe wollen wir Ihnen ersparen (nur so viel: die von fünf Liegewagenmitbenutzern sind nichts dagegen). Natürlich hat Michael Morchel in einer alten Brotbüchse seine eigene Verpflegung dabei – wahlweise ein mit Kohlsalat durchtränktes Käse-Baguette vom Vortag oder aber ein Mettbrötchen mit frischen Zwiebeln, das er laut schmatzend genießt. Dazu gibt's ein hartgekochtes Ei älteren Datums. Zum Nachtisch gönnt sich Michael Morchel etwas Schokolade, vorzugsweise der Sorte Knoblauch-Vanille. Er bietet Ihnen, weil er Ihren entsetzten Blick wahrnimmt, generös auch ein Stück an. Sie lehnen angespannt ab, und er fragt, ob Ihnen nicht gut sei, weil Ihre Gesichtsfarbe ins Dunkelgrüne wechselt.

So gehen Sie mit Michael Morchel um

In den Abteilwagen alter Bauart, die bedauerlicherweise kaum noch fahren, hätten Sie jetzt das Fenster öffnen können. Den befremdeten Blicken Ihrer geruchsunempfindlichen oder durch häufigen Morchelkontakt abgestumpften Mitreisenden (wegen der Außentemperatur von minus elf Grad) wären Sie geschickt ausgewichen oder hätten die unangenehme Situation mit einigen launigen Bemerkungen wie »Na, wir sitzen ja sowieso im Zug« überspielt.

Leider hat die moderne Klimatechnik die Zugabteile in Puma-Käfige verwandelt, die zwar klimatisiert, aber nicht gelüftet werden. Und auch die sogenannte Klimatisierung erfolgt meist nach dem Prinzip der Klimaverstärkung. Werden draußen minus elf Grad gemessen, wird das waggoneigene Steuerungssystem ebenfalls versuchen, Minusgrade zu erzielen. Umgekehrt springt an hochsommerlichen Tagen die Heizung an und versucht, die Außentemperatur noch zu übertreffen, was wiederum die olfaktorische Wirkung von Michael Morchel eindrucksvoll intensiviert.

Als Morchel-Betroffener haben Sie nun noch die Möglichkeit, den Rest der Fahrt auf dem Gang zu verbringen (was ausgerechnet an solchen Tagen jedoch wegen einer Störung in der Toilettenanlage oder aber weil sich der Servicewagenmann nähert, ebenfalls zum Alptraum werden kann). Sie können auch in den Speisewagen gehen, wo Sie die restliche (lange) Reisezeit mit dem Herumkauen auf einer sündhaft teuren Vollkornschnitte zu überbrücken versuchen.

Aber vielleicht wollen Sie dennoch im Abteil bleiben. Weil Sie für Ihren Sitzplatz vor der Abfahrt mehrwöchige Schwerstarbeit in der Schalterhalle, in zahllosen Telefonaten mit dem Callcenter und schließlich bei unzähligen Besuchen eines Fahrkartenautomaten geleistet haben. Und auch, weil Sie sich gegen jede statistische Wahrscheinlichkeit am Bahnsteig richtig positioniert, sich durch den völlig verstopften Zug gekämpft und sich schließlich sogar gegen den illegal auf Ihrem Platz sitzenden Inder durchgesetzt haben.[24]

Sie können natürlich eine Gegenwaffe einsetzen: Ziehen Sie aus Ihrer Tasche einen Flacon 4711 und nebeln Sie Morchel samt Imbiss ohne Umschweife ein. Für den Fall, dass Morchel nicht nur unsensibel, sondern auch leicht grobschlächtig wirkt, müssen Sie allerdings zu alternativen Methoden greifen: Erzählen Sie ihm und all Ihren Mitreisenden, dass Sie einer speziellen buddhistischen Glaubensrichtung angehören und dass Sie auf längeren Reisen ihr inneres Ich anrufen, wozu eine Zeremonie gehört, bei der zahllose und intensive (»die Gedanken reinigende«) Duftkerzen und Räucherstäbe entzündet werden müssen. (Es macht sich gut, wenn Sie dann tatsächlich ein paar Kerzen und Stäbchen aus der Tasche holen und so entzünden, als hätten Sie noch viel mehr in der Tasche.) Proteste der Mitreisenden und des

---

24 Gut, der Platz war frei. Aber Sie hatten die auf ungezählten früheren Erfahrungen basierende Situation mit einem Inder (weil Callcenter-Angehörigem) als Platzhalter vorher so oft in Gedanken durchgespielt, dass sie sich jetzt nur schwer davon trennen können.

herbeigeholten Zugchefs kommentieren Sie mit den Worten, dass in Deutschland glücklicherweise Glaubensfreiheit herrsche und dass, wenn man Sie an der Ausübung Ihres Glaubens hindere, Sie die Bahn vor dem Europäischen Gerichtshof für Menschenrechte demütigen und jeden ihrer niederträchtigen Helfershelfer (gemeint sind die Abteilinsassen) in der Presse denunzieren würden.

Ist das noch nicht völlig überzeugend, erzählen Sie von dem Ortsvorsteher in Buugha Bangha Deeh, der Sie auch einmal an dieser Zeremonie gehindert hat und dessen Familie dann bei einer zwei Tage später hereinbrechenden Sturmflut ertrank. Bleibt der Zugchef selbst jetzt hart (er ist DLRG-Schwimmer und alleinstehend), sind Ihre Mittel erschöpft. Dennoch haben Sie letztlich die bessere Alternative zu einer weiteren Fahrt mit Michael Morchel gewählt, wenn Sie in Gronau[25] von der Bundespolizei aus dem Zug geworfen werden. Und die Wahrscheinlichkeit ist sehr hoch, dass Ihnen dadurch weit Schlimmeres erspart bleibt.

---

25 Wir teilen Ihre Verwunderung darüber, wie der Zug auf der Strecke von Augsburg nach München dorthin gekommen ist.

»Störungen im Betriebsablauf« und was während der Fahrt noch passiert

Die Mitreisenden sind nur ein Teil Ihrer Reiseprobleme. Die Bahn selber hält weit härtere Prüfungen für ihre Kunden bereit. Für die Leitzentrale heißen diese lapidar »Störungen im Betriebsablauf«. Für die Zugbegleiter sind sie vielfältiger Anlass zu psychischen Erkrankungen und Alkoholismus. (Wie würden SIE es sonst ertragen, hundertfach immer dieselbe sinnlose Antwort – »Ich weiß nicht, wie lange es noch dauert, verdammt!« – in hasserfüllte Gesichter trompeten zu müssen?) Für die Bahnreisenden entscheiden diese »Störungen« über Wohl und Wehe, über Erfolg und Misserfolg einer Fahrt. Da hängt es von einem aus Übermüdung folgenschwer falsch gestellten Signal ab oder einem Hilfszugbegleiter im Praktikum, der verschlafen hat oder dringend seinen Beruf wechseln will, dass Hunderte ihr Ziel viel zu spät oder gar nicht mehr erreichen, dass Hunderte von Terminen platzen, Hunderte Schwieger- und Großeltern sich beim vergeblichen Warten am Bahnhof den Tod holen, Hunderte von Weihnachtsfeiern ausfallen oder in sehr kleinem Kreis stattfinden müssen, Hunderte von (ohnehin leidgeprüften) Bahreisenden-Ehen noch zerrütteter sind und/oder umgehend geschieden werden.[26]

---

26 Verstärkt werden diese beziehungssoziologischen Effekte noch dadurch, dass immer mehr Menschen – ohne überhaupt Zug gefahren zu sein! – an-

Dass die Bahn trotz der europäischen Entschädigungsregeln bei Verspätung alles tut, um für solche Konsequenzen keinerlei Verantwortung zu übernehmen, versteht sich (zumal aus zerrütteten bzw. beendeten Beziehungen sehr oft neue Beziehungen mit anderen Menschen hervorgehen, anderen, die – wo lernt man als Bahnreisender schon Leute kennen?! – wiederum nur mit der Bahn zu erreichen sind). An diesem Zustand können Sie als einzelner abhängig Beförderter nicht viel ändern, schon gar nicht während der »Fahrt«. Aber Sie können anders als alle anderen auf die wichtigsten »Störungen« gut vorbereitet sein.

Was tun Sie, wenn …
… der Zug den Bahnhof einfach nicht verlässt?

Die Ursachen dafür können vielfältig sein: eine gelöste Wagenbremse, ein Defekt in der Oberleitung, technische Probleme an der Kupplung, ein plötzlicher Schaden des Triebfahrzeugs (früher: Lok). Oder aber ein Versehen des Zugführers, der ein Problem auf der Toilette oder einen Disput mit der Transportleitung hat über unvorhergesehenen Schnee, Regen oder Wind auf der Strecke – man weiß es nicht. Niemand weiß es. Klar ist nur, dass Ihr Zug irgendwann mit einer Höllenverspätung losfahren und garantiert keinen Anschlusszug erreichen wird.

---

gebliche Verfehlungen der Bahn vorschieben, um persönliche Verspätungen, Fehltritte und Seitensprünge zu kaschieren. Nach einer noch unbestätigten Untersuchung des unabhängigen Unternehmensberaters Bernd Dotterhauer gehen etwa die Hälfte der Vorwürfe gegenüber der Bahn auf solche »skrupellosen, widerwärtigen Lügen« zurück.

Dieses Problem können Sie nicht lösen. Sie können es auch nicht umgehen. Grundfalsch wäre es zum Beispiel, den Zug nach angemessener Zeit wieder zu verlassen, um sich – spektakelnd – zum Service Point zu begeben und einen anderen Zug zu verlangen oder um sich etwas zum Lesen, zum Essen oder zum Trinken zu holen. Denn sobald Sie ausgestiegen sind, wird das Problem behoben sein und der Zug wird hastig losfahren (zumindest einige Hundert Meter bis zur Verspätungswartezone, die Sie aber zu Fuß nicht erreichen können). Machen Sie auch nicht den Fehler, dem Zugbegleiter zu glauben, dass es bis zur Abfahrt noch länger dauern und er auf jeden Fall warten werde, bis Sie wieder zurückkommen: Erstens hat auch der Zugbegleiter keine Ahnung von den Verdauungsproblemen des Lokführers. Und zweitens sind solche Versprechungen ein alter Trick des Bahnpersonals, um Leute loszuwerden, die im Laufe der Fahrt (also bei unvermeidbaren weiteren Störungen) unbequem werden könnten.

Bleiben Sie also unbedingt im Zug sitzen und machen Sie aus der Not eine Tugend. Lesen Sie all das, was Sie schon immer lesen wollten. Oder beantragen Sie zum Beispiel bei Ihrer Firma einen Laptop und eine mobile Verbindung ins Firmennetz – mit dem Argument, dass Sie gerne rund um die Uhr für Ihr Unternehmen tätig sind. Das schindet mächtig Eindruck bei Ihrem Chef. Fortan können Sie Ihre Arbeitsstelle überpünktlich – also gegen Mittag – verlassen. Sie arbeiten ja ohnehin »durch«. Und im Bahnhof, wo Sie – den Zug einmal ausgenommen – den größten Teil Ihrer freien Zeit verbringen, haben Sie obendrein die beste Funkverbindung! Alternativ können Sie privat ein Funkmodem erwerben und nebenberuflich einen Internethandel bei eBay, eine private Mitfahrerbörse (bloß nicht für die Bahn!) oder einen Callgirlring betreiben. Denken Sie immer daran: Sie haben jede Menge Zeit.

Auch wenn Sie arbeitslos sind oder sich Ihre Tätigkeit nur schlecht am Laptop erledigen lässt (Kindergärtnerin, Masseur, Landschaftsgärtner), ist das kein großes Problem. Sie könnten einen (Zweit-)Betrieb im Zug eröffnen: Als Kindergärtnerin können Sie gestressten Müttern und Vätern ermöglichen, ganz entspannt und zu zweit eine romantische Stunde im Speisewagen zu verbringen. Die Tische im Großraumwagen eignen sich ganz gut zum Massieren (oder nehmen Sie einen mobilen Tisch mit, den Sie in der Behindertentoilette aufbauen). Und als Landschaftsgärtner könnten Sie Gartengestaltung und -planung anbieten: So viel Zeit für so etwas haben die Leute sonst nie. Möchten Sie lieber etwas für sich persönlich tun, lernen Sie Fremdsprachen, absolvieren Sie ein Fernstudium (z.B. Logistik) oder schreiben Sie ein Buch (z.B. über die Bahn).

... wegen technischer Probleme nach und nach die Wagen abgehängt werden?

Hierbei handelt es sich um die verschärfte Variante der vorstehenden Situation. Während Sie es sich bequem gemacht haben und auf die Abfahrt Ihres Zuges nach Berlin Ostbahnhof warten, rotten sich draußen auf dem Bahnsteig von Münster (Westfalen) immer mehr Bahnmitarbeiter in Blaumännern und mit Schutzwesten zusammen, die sorgenvoll Ihren Wagen anstarren. Schließlich wird eine Zugbegleiterin mit zerknittertem Gesicht vor Ihnen stehen und erklären, dass aus technischen Gründen ein Wagen – Ihr Wagen – leider abgekoppelt werden müsse. In dem anderen Wagen ist es natürlich schon sehr voll, sodass man Ihnen den schönen Einzelplatz mit Tisch, den Sie durch Bestechung des Zugbegleiters erworben hatten, leider nicht mehr bieten kann, wohl aber noch einen Stehplatz im Gang.

Doch auch dieses Vergnügen währt nicht lange, denn die Blaumänner konzentrieren sich nun auf diesen Wagen. Der ist technisch leider auch nicht mehr so gut in Schuss, weswegen man ihn ebenfalls abkoppelt. Sie haben nun noch eine geringe Chance auf die wenigen Plätze im Bistrowagen – Ihre ca. 350 mit abgekoppelten Mitreisenden allerdings auch. Doch während Sie vorerst noch um eine Ein-Bein-Stehgelegenheit vor dem Prostataplakat im Gang kämpfen, schreit die knitterige Begleiterin, dass auch der Speisewagen nicht mitfahren kann. Aber es steht Ihnen dank Freitagnachmittag-Überfüllung frei, noch eine Notunterkunft in irgendeiner Gepäckablage zu finden.

Sie finden diese Perspektive unerfreulich? Dann wenden Sie doch einen genialen Trick an: Verlassen Sie unauffällig den Zug und schlendern Sie noch unauffälliger zurück zu den abgekoppelten Wagen, die Sie in einem unbeobachteten Moment erneut betreten. Suchen Sie sich eine schöne Sitzgruppe und machen Sie es sich bequem. Schon bald wird dieser aus zwei Waggons und dem Speisewagen bestehende Rumpfzug die Reise nach Berlin antreten, um im dortigen Betriebswerk gründlich »durchgesehen« zu werden. Sie werden sogar vor Ihrem eigentlichen Zug dort eintreffen (wenn der es aufgrund zwangsläufig passierender Zwischenfälle überhaupt bis Berlin schafft). Da nicht gänzlich auszuschließen ist, dass irgendein Bahnmitarbeiter vor Abfahrt nochmals die Wagen betritt (um es sich dort bequem zu machen), haben Profis unter den Bahnreisenden immer einen Helm und eine Schutzweste dabei, um im Zweifelsfall behaupten zu können, sie seien vom »Ausbesserungskommando Nordost«, von der »technischen Instandhaltung Südwest« oder vom »Betriebssonderbegleitdienst«.

… der Zug unvermittelt auf freier Strecke hält und sich nicht mehr bewegt?

Diese Situation tritt faktisch während jeder Bahnreise auf. Grundsätzlich gilt die Regel, dass die hierdurch verursachte Verspätung sich proportional zu der Zeit verhält, die der Zugchef bis zur ersten Verständnis heischenden Durchsage benötigt – wobei es unwichtig ist, ob der Inhalt der Durchsage stimmt oder nicht. Das heißt: Meldet sich der Zugbegleiter hektisch und spricht von »Bauarbeiten im vor uns liegenden Gleisabschnitt« oder »dichter Zugfolge«, können Sie entspannt durchatmen. Die Verspätung wird höchstens 30 Minuten betragen, denn es handelt sich um irgendein Standardproblem ohne große Erschwernisse. Weitere Schritte Ihrerseits sind nicht erforderlich.[27]

Viel schlimmer ist, wir erwähnten es bereits, wenn sich der Zugchef zunächst lange Zeit gar nicht meldet und dann etwas Unverständliches oder völlig Unangemessenes stammelt, das er sich offenbar selbst überlegt hat. Jetzt können Sie sicher sein, dass eine Situation eingetreten ist, die weder Zugführer noch sein Begleitbuch kennen.

---

27 Sie erwarten hoffentlich von diesem Überlebensführer keine Tipps, wie Sie Verspätungen unter 30 Minuten umgehen können. Solche Ratschläge werden bei eBay nicht unter 1500,- € pro Stück versteigert.

Falls Sie in diesem Fall kein Taxi oder keinen Hubschrauber anfordern können bzw. nicht einmal einheimische Bauern vorbeikommen, die Sie überreden können, mit dem Trecker eine Waggontür aufzuziehen und Sie umgehend in die nächste Stadt zu transportieren – vorausgesetzt, Sie wollen in der weiten Steppe Mecklenburg-Vorpommerns oder im einsamsten Teil des Bayerischen Waldes wirklich aussteigen –, sollten Sie darüber nachdenken, ob Sie ein charismatischer Mensch sind, ein Mensch, der andere Menschen hinter sich bringen kann.

Denn eins ist klar:

DIE (das Zugbegleitteam) sind keine zehn. SIE aber (die Bahnreisenden) sind mindestens 400. Zugbegleiter träumen manchmal von so etwas und wachen dann sehr nassgeschwitzt auf.

… der Zug wegen einer Streckensperrung einen erheblichen Umweg fahren muss?

Sie wollen von Dortmund nach Köln fahren, aber schon in Bochum kommt die Durchsage »Wegen einer ›SuchenSiesichwasaus‹ muss unser Zug heute leider umgeleitet werden. Die Verkehrshalte in Essen, Duisburg und Düsseldorf entfallen. Ich werde Sie über Ihre Anschlusszüge in Köln auf dem Laufenden halten.«

Jetzt sollten Sie sich zunächst einmal freuen, dass Sie nicht nach Essen, Duisburg oder Düsseldorf wollten, denn da würden Sie innerhalb von 48 Stunden wohl nicht ankommen. Doch auch Köln – sonst einen Katzensprung entfernt – wird plötzlich sehr weit weg sein. Sehen Sie es jedoch positiv! Sie werden nunmehr Ecken des Ruhrgebiets kennenlernen, die nie zuvor ein Bahnreisender gesehen hat. Zumindest keiner, der im ICE fährt, denn die Transportleitung hat beschlossen, Ihren Hochgeschwindigkeitszug über das örtliche S-Bahnnetz zu leiten. Zur Verblüffung der Wartenden auf den S-Bahnhöfen, die vielleicht mit einer schwer verspäteten S2, aber sicher nicht mit einem funkensprühenden ICE gerechnet haben. (Die Funken entstehen durch leichte Inkompatibilitäten der Stromabnehmer des Schnellzuges mit der S-Bahn-Oberleitung.)

Entscheiden Sie sich jetzt: Wollen Sie diese ca. sechsstündige Geisterbahnfahrt miterleben? Oder lösen Sie in einem unbeobachteten Moment die Türverriegelung des nächsten Ausstieges und hüpfen zur Freude der wartenden Pendler auf einen der S-Bahnsteige (Ihr Zug hat ohnehin nur Schrittgeschwindigkeit drauf)? Hier warten Sie dann auf die schwer verspätete S2, die vielleicht nach Köln, zumindest aber nach Essen-Frillendorf fährt. Und das viel schneller als Ihr Zug.

... Sie – wir haben Sie gewarnt! – doch umsteigen möchten oder müssen?

Sie sitzen in einer schäbigen Regionalbahn vom Typ »Ich sehe scheiße aus und rieche auch so«, die nach Nauen fährt. Natürlich wollen Sie gar nicht nach Nauen, sondern am nächsten Knotenpunkt in einen ordentlichen Zug umsteigen. Auf diese bizarre Idee hat Sie die Website der Deutschen Bahn gebracht. Natürlich hat sich auch an diesem Morgen die Nauenbahn verspätet. Wenn es dann endlich losgeht, weiß der gemütlich-dicke Zugbegleiter auch nicht, ob Ihr ICE noch zu schaffen ist. Das heißt, er weiß es schon (nämlich: nein), sagt es Ihnen aber nicht.

»Eigentlich ein Wunder, dass wir so wenig Verspätung haben«, wird er stattdessen lachen. »Ich glaube, das ist heute Rekord, sonst dauert's noch viel länger.« Dass es heute »nur« zehn Minuten sind, liegt nämlich an seinem neuen Trick: Er pfeift an jedem Bahnhof zweimal. Der Lokführer – das ist abgesprochen – ignoriert aber das erste Signal, »nur die Leute rennen dann wie wild«, gurgelt der Bahnbeschleuniger. Sie lachen gezwungenermaßen mit. Dann erinnern Sie sich, dass Sie für Ihren Umstieg nur acht Minuten Zeit haben. Später wird Ihr ICE der erste seit drei Monaten sein, der diesen Knotenpunkt pünktlich verlässt …

Im Grunde dürfen Sie sich hierüber aber nicht ärgern, denn Sie haben den Kardinalfehler begangen, doch eine Verbindung mit Umstieg gewählt zu haben, obwohl wir Sie eindringlichst davor gewarnt haben. Wenn sie aber schon meinen, schlauer als die Autoren zu sein, sollten Sie für diesen Vorgang, vorausgesetzt, es handelt sich um einen Umstieg der leichteren Kategorie (Zug steht am Gleis gegenüber, die Möglichkeit des Umstiegs wird von mindestens drei Stellen unabhängig voneinander bestätigt, Sie haben mit mindestens einer Person gesprochen, die schon einmal so umgestiegen ist) wenigstens zwei Stunden Aufenthalt einplanen.

Obwohl das schon äußerst knapp bemessen ist, wenn Sie einmal einen Blick auf die gängige Anschlussformel des Göttinger Bahnstatistikers Daniel Wetterbohm für die notwendige Umsteigezeit (U) werfen:

Grundverspätung des Zubringerzuges (Vz) plus Ankunftsverspätung des Zubringerzuges (AVz) mal einfache Bahnsteigverwirrungszeit (BVz) mal doppelte Durchsageverwirrungszeit (DSz) mal halber Zugzielanzeigerirrtum (ZZi) plus Vorfälligkeitswahrscheinlichkeit des Anschlusszuges (VWa).

Zusammengefasst also:

$$(Vz + AVz) \times (BVz) \times (2\,DSz) \times (0,5\,ZZi) + VWa = U$$

Ein praktisches Beispiel für Nichtmathematiker sieht so aus: Der ICE 631 (Zubringerzug) von Bremen nach München nähert sich dem Hauptbahnhof Würzburg, wo er eigentlich um 18.29 Uhr halten soll. Reisende nach Nürnberg, Regensburg und Passau steigen hier planmäßig am gegenüberliegenden Bahnsteig in den ICE 729 (Anschlusszug) um. Kurz vor der Einfahrt macht der Zug eine Radikalbremsung und bleibt stehen. »Sehr geehrte Reisende, aufgrund von Langsamfahrstrecken, äh … Bauarbeiten im Bereich Würzburg Hauptbahnhof verzögert sich die Ankunft unseres Zuges um wenige Minuten. Alle vorgesehenen Anschlusszüge werden jedoch erreicht. Der ICE 729 nach Nürnberg steht abfahrbereit am Gleis 5 gegenüber«, sagt dann die sonore Stimme des Zugchefs. Es ruckt und kracht, und einige Minuten später hält der Zug tatsächlich am Gleis 4. Gegenüber steht wie versprochen der Anschlusszug. Die Türen öffnen sich – und im selben Moment setzt sich Anschluss-ICE 729 majestätisch in Bewegung. Am Bahnhof bleiben mehrere Dutzend völlig verdutzter Reisender zurück und schauen sprachlos dem Anschlusszug hinterher.

Diese Sprachlosigkeit müssen Sie in Kenntnis der vorgenannten Formel jedoch nicht teilen. Sie wissen: Es ist schon ein Wunder, dass der Zubringer-ICE den Bahnhof beinahe pünktlich erreicht hat. Normal wäre eine Grundverspätung von etwa 25 Minuten (außer Sie hätten fest mit einer Verspätung gerechnet, dann wäre der Zug wiederum pünktlich eingefahren – siehe weiter vorne in diesem Buch). Für die Ankunftsverspätung – durch Bauarbeiten im Bahnhofsbereich, durch Blockade aller Gleise mit anderen Zügen, durch Ausfall der Zugsteuerungselektronik – müssen Sie mindestens 35 Minuten hinzuaddieren. Am Bahnsteig 4 wird man Sie informieren, dass Ihr Anschlusszug am Gleis 16 fährt. Sie werden nach einem längeren Spurt feststellen, dass es dieses Gleis gar nicht gibt. Bis Sie sich zum richtigen Gleis 10 durchgefragt haben, sind weitere 20 Minuten vergangen. Hier wird man nun durchsagen, dass Ihr Anschlusszug erhebliche Verspätung hat und deshalb erst in einer halben Stunde kommt. Sie werden daraufhin den Fehler begehen, eine Toilette zu suchen. Auf dem Weg dorthin wird die Durchsagefachkraft ihre Auskünfte widerrufen und Ihnen vorgaukeln, der Zug fahre gerade ein. Dieses Hin und Her kostet Sie 15 zusätzliche Minuten (und der Zug kommt selbstverständlich nicht). Schließlich behauptet nun der Zugzielanzeiger, Ihr Zug fahre heute abweichend aus »Gleis 16«. Das glauben Sie zwar nicht so ganz, weil Sie bereits negative Gleis-16-Erfahrungen gemacht haben. Da Sie aber nun dennoch nicht wissen, wo eigentlich Ihr Anschlusszug fährt, suchen Sie sicherheitshalber den Service Point in der Haupthalle auf. Das frisst nochmals 40 Minuten.

Sie haben also bis hierhin insgesamt 135 Minuten zum Umsteigen benötigt. Und natürlich fährt Ihr Anschlusszug ab, während Sie in der Schlange vor dem Service Point stehen. Übrigens von Gleis 16, das sich infolge der Bauarbeiten dort befindet, wo Gleis 1 sein müsste (aber von einer Abfahrt des Zuges auf Gleis 1 darf das Bahnpersonal nicht sprechen, um die Fahrgäste nicht unnötig zu verwirren). Am besten also, wir wiederholen uns hier – Sie steigen niemals um.

... Sie sich unsterblich in die Zugbegleiterin/in den Zugbegleiter verlieben?

In der Psychologie spricht man im Zusammenhang mit Geiselnahmen häufig vom »Stockholm-Syndrom«. Gemeint ist die Tatsache, dass die Opfer einer Entführung nach und nach die Distanz zu den Tätern verlieren und bei längerem Andauern sogar beginnen, sich mit den Zielen der Entführer zu identifizieren und diese aktiv zu unterstützen. Sogar Liebesbeziehungen zwischen Geiselnehmern und Geiseln sind dokumentiert.

Bei der Bahn gibt es eine ähnliche Erscheinungsform, das »Frankfurt-Syndrom«: Die Opfer (Bahnkunden) verlieren im Laufe einer langen Fahrt das Gefühl für Ursache und Wirkung der vielfältigen Probleme und solidarisieren sich zunehmend mit den Tätern (Bahnmitarbeitern). Erste Anzeichen sind verständnisvolles Nicken in Richtung des Zugbegleitpersonals und angespanntes Aus-dem-Weg-Springen, wenn sich ein Service-Mitarbeiter nähert. Als Nächstes versucht ein von dem Syndrom Befallener, die Bahnmitarbeiter aktiv zu unterstützen. Er bietet seine (kostenlose) Mithilfe in der Spülküche des Speisewagens an, serviert kleine (aus eigener Tasche bezahlte) Snacks in der ersten Klasse, möglicherweise reinigt er sogar die Zugtoiletten oder leert den Inhalt der Abfalleimer in sein Handgepäck.

Bei einem besonders extremen Verlauf kommt es zu einem schwärmerischen, meist jedoch einseitigen Zuneigungsgefühl zum zuständigen Wagenbetreuer oder seinem weiblichen Pendant. Es ist dieser flackernde Blick in die Ferne, die schlecht sitzende, aber doch so niedliche Uniform, die putzigen Ausreden (»Wir halten heute wegen des Regens nicht in Mannheim«), die den Betroffenen einen wohligen Schauer über den Rücken jagen und sie dazu bringen, dem Zugbegleiter/der Zugbegleiterin mit einem glückseligen Lächeln entgegenzutreten und ihm/ihr zu folgen, egal wohin, nur um ihm/ihr nahe zu sein.

Wir hoffen nicht, dass es bei Ihnen so weit kommt. Sollten Sie dennoch solche oder ähnliche Anwandlungen bei sich feststellen, bleiben Sie bitte ganz ruhig und wählen Sie die Hotline des Psychologischen Notdienstes für Bahngeschädigte. Reden Sie sich ruhig ein, dass Sie dort erfahren, wie Sie das Objekt Ihrer Begierde für sich gewinnen können, obwohl es sich bei Ihrem Anblick voller Panik in der Toilette einsperrt. Fachleute werden sich Ihres Problems annehmen.

... während Ihrer Reise von Osnabrück nach Warnemünde das Personal in einen unbefristeten Streik tritt?

Zuerst gilt es Ruhe zu bewahren und nicht zu verzweifeln. Als Nächstes führen Sie sich die Situation doch einmal genau vor Augen: Der Zug bleibt unvermittelt auf freier Strecke stehen und fährt nicht weiter. Der Zugbegleiter gibt keine Auskünfte. Im Speisewagen erhalten Sie keine Speisen und Getränke und in der ersten Klasse keinen Service am Platz. Brezelverkäufer, Eisfrau und Servicewagenmann sind unter- oder nie aufgetaucht. Das ist alles sehr misslich. Aber: Unterscheidet sich dieser Zustand denn wesentlich von einer Bahnreise ohne Streik? Sie werden zugeben: Nein, das tut er nicht!

Sobald Sie sich zu dieser beruhigenden Erkenntnis durchgerungen haben, lehnen Sie sich bequem zurück und erfreuen Sie sich in den nächsten Stunden oder Tagen am schönen Ausblick (es sei denn, der Zug steht in einem Tunnel; in dem

Fall – das Licht streikt sicher auch – schließen Sie entspannt die Augen). Irgendwann geht dieser Streik vorbei – schließlich will auch das Bahnpersonal mal nach Hause.

Übrigens ist künftig vermehrt mit Streiks zu rechnen: Seit dem großen Bahnstreik 2007/2008, bei dem sich die Lokführergewerkschaft GdL mit ihren Gehalts- und Tarifvertragsforderungen aufgrund erhöhter Verantwortung vom Rest der Bahnbelegschaft abgrenzte, ist es zu einer weiteren Diversifizierung gekommen: Die Gewerkschaft der Zugbegleiter in Norddeutschland (GdZBN) etwa fordert wegen der durch Verspätungen, Umwege und Baustellen länger gewordenen Fahrstrecken einen eigenständigen Tarifvertrag. Von ihr grenzt sich wiederum die Gewerkschaft der Zugbegleiter in ICs in Norddeutschland (GdZiICN) entschieden ab, da gerade das Personal der ICs im Norden weit mehr unzufriedene Fahrgäste abzufertigen habe als das Personal der übrigen Zugarten. Dem gegenüber argumentiert die Gewerkschaft der Zugbegleiter in ICs in Norddeutschland/Mecklenburg-Vorpommersche Küste (GdZiICNMVK), dass ihre Angehörigen zu allem Unglück die Hauptlast des Tourismusverkehrs an Nord- und Ostsee zu tragen und deshalb einen eigenständigen Tarifvertrag deutlich eher verdient hätten.

Dies stößt auf Hohngelächter bei der Gewerkschaft der Zugbegleiter in ICs in Norddeutschland/Mecklenburg-Vorpommersche Küste im Bereich Rostock-Warnemünde (GdZiICNMVK-RW) – »wenn einer unter den Attacken der Touristen zu leiden hat, dann wir«, schrieb Gewerkschaftsführer Rolf Fabritius im Mitteilungsblatt »Der Zugvogel«. Sehr zum Ärger der Gewerkschaft der Speisewagenbegleiter in ICs in Norddeutschland/Mecklenburg-Vorpommersche Küste im Bereich Rostock-Warnemünde (GdSPiICNMVK-RW), deren

Mitglieder die »absolute Hauptlast« des Tourismus zu schultern hätten, »während sich andere im Kleinkinderabteil verstecken«, wie ihr Vorsitzender Micha Mackenroth nicht müde wird zu betonen.

Mackenroth seinerseits wird heftig attackiert von der Gewerkschaft der geschiedenen Speisewagenbegleiterinnen in ICs in Norddeutschland/Mecklenburg-Vorpommersche Küste im Bereich Rostock-Warnemünde (GdgeschSPiiICNMVKz-RW) unter der kompromisslosen Vorsitzenden und Sprecherin Sabine-Eva Mackenroth-Hilsch – nicht zu verwechseln mit der noch radikaleren Gewerkschaft der mehrfach geschiedenen Speisewagenbegleiterinnen in ICs in Norddeutschland/Mecklenburg-Vorpommersche Küste im Bereich Rostock-Warnemünde (Gdu5omgeschSPiiICNMVKz-RW). »Ihr verdammten Kerle wisst doch gar nicht, was Verantwortung im Speisewagen bedeutet, das habt ihr doch noch nie gewusst!«, schrie deren erste und zweite Vorsitzende, Sprecherin und Fahrerin Gerda-Janina Mackenroth-Fabritius-Reisemann in einem viel beachteten Schlagabtausch im Mitternachtsprogramm von 3sat.

Weil GdgeschSPiiICNMVKz-RW und Gdu5omgeschSPiiICN-MVKz-RW zudem jeweils den Alleinvertretungsanspruch in ihrem Bereich fordern, ist damit zu rechnen, dass der nächste große Streik von diesen beiden Gewerkschaften ausgehen wird.

Aber wie gesagt: Es wird Ihnen nicht groß auffallen.

... Sie auf einmal angeblich am Ziel sind?

Manchmal und gegen jede Wahrscheinlichkeit passiert es tatsächlich: Sie haben auf dem Weg nach Göttingen alle oben geschilderten und dazu jede Menge nicht geschilderter Störungen mehrfach absolviert, Ihr Reiseproviant und Wasser gehen zur Neige, Sie kämpfen heftig gegen Fieberschübe und unkontrollierbares Zittern an, und das einbeinige Stehen vor dem Prostataplakat wird mehr und mehr zur Qual. Da schallt auf einmal eine Durchsage über Ihren Kopf hinweg: »Meine Damen und Herren, in wenigen Minuten erreichen wir Göttingen!«. Und während um Sie herum noch ungläubiger Jubel aufbrandet, hält der Zug auch schon am Bahnsteig.

In diesem Fall gilt: Seien Sie unbedingt auf der Hut und stürzen Sie nicht Hals über Kopf mit Ihrem Gepäck aus dem Zug. Es kann sein, dass der Bahnsteig, den Sie draußen durch die Scheibe sehen, nicht zu Göttingen gehört, sondern zu einem mittlerweile stillgelegten Vorortbahnhof und dass der Lokführer hier nur aus Sentimentalität gehalten hat – oder aufgrund einer Weisung des Bahnhofsmanagements, das den zurzeit hoffnungslos mit Fahrgästen überfüllten echten Göttinger Bahnhof kurzzeitig »entlasten« möchte. Es kann theoretisch auch sein (das macht für Sie aber keinen Unterschied), dass es sich bei dem Bahnhof, den Sie draußen zu sehen glauben, um gar keinen Bahnhof handelt, sondern lediglich um ein paar Fassaden, die pfiffige Bahnmanager aufgestellt haben, um Sie zwecks Entlastung des echten Göttingen aus dem Zug zu locken. Wie es dann für Sie weitergeht, steht in den Sternen, denn diese Strecke wird normalerweise nicht mehr befahren.

Sehen Sie bei einer angeblichen Ankunft deshalb unbedingt immer auf die Uhr: Dass Ihr Zug Göttingen 20 Minuten vor der angegebenen Zeit erreicht, ist äußerst unwahrscheinlich. Noch viel unwahrscheinlicher ist es, dass der echte Göttinger Bahnhof lediglich zwei Gleise hat, dafür aber einen großen Misthaufen und mehrere Hühner. Am misstrauischsten aber sollte es Sie machen, wenn sich draußen auf dem »Bahnsteig« keine Menschen mit verzweifelten Gesichtern drängeln. (Außer es ist zwei Uhr morgens, dann aber wird auch niemand versuchen, Sie mit miesen Tricks zum vorzeitigen Aussteigen zu verlocken.)

Es kann aber auch vorkommen, dass das, was Sie draußen vor der Scheibe sehen, tatsächlich wirkt wie der echte Göttinger Bahnhof, dass neben allen anderen Indikatoren auch Schilder mit der Aufschrift »Göttingen« und Aussagen ortskundiger Reisender klar darauf hindeuten. Wundern Sie sich in dem Fall nicht zu lange. Schließlich ist es den Autoren dieses Buches sogar schon mehrfach gelungen, unversehens ihr Ziel zu erreichen…? Steigen Sie aus, bevor der Zugbegleiter wieder zur Weiterfahrt pfeift, informieren Sie sich über Datum und aktuelle Nachrichtenlage und reinigen Sie sich und Ihre Kleidung notdürftig, bevor Sie Ihren Angehörigen oder Ihren Geschäftspartnern, die längst nicht mehr mit Ihrem Auftauchen rechnen, unter die Augen treten.

Erst nach Tagen wird Ihnen dann allmählich klar werden: Sie haben es geschafft! Sie haben alle Fährnisse und Hindernisse bewältigt und das letzte große Abenteuer in Deutschland einigermaßen gut hinter sich gebracht.

Sicherlich werden Sie nun den Wunsch haben, überall zu erzählen, was Sie erlebt haben, oder mitten in der Nacht die Bahn-Hotline anzurufen, um jemanden unflätig zu beschimpfen. Das ist völlig normal und hilft Ihnen, das Erlebte zu verarbeiten. Wenn Sie aber auch nach Wochen noch von der Zugbegleiterin träumen, mit dem Ruf »Zurückbleiben!« aus dem Schlaf hochfahren und an Phantomhunger leiden, sollten Sie psychologische Hilfe in Anspruch nehmen. Oder möglichst bald wieder Bahn fahren.

Die geheimen Pläne der Bahn

Die Werbekaufleute der Deutschen Bahn hoffen am meisten auf den Börsengang, denn wenn der erst kommt, brechen goldene Zeiten an: Ein Zug, das sind 800 potenzielle Kunden, auf die man zugreifen kann, ohne dass sie die leiseste Chance haben, zu fliehen (denn die Zugtüren sind während der Fahrt verriegelt, angeblich aus Sicherheitsgründen). An diese hilflosen Opfer kann man mithilfe kurz geschulter Zugbegleiter ganz prima nicht nur eigene Produkte verkaufen – Bahncards, Reiseversicherungen, Tickets in unattraktive Städte –, die Reisenden in den Zügen sind auch die ideale Zielgruppe für alle Unternehmen der werbetreibenden Wirtschaft. Anstelle der vereinzelten Anti-Harndrangplakate von heute werden in den Gängen große Plasmaschirme hängen, auf denen in voller Lautstärke animierte Werbetrailer laufen (in der ersten Klasse für Luxusautos, Edelcomputer und Schuhmaßschneider, in der zweiten für Oberklassenautos, Computerspiele und Sportartikel, im Bistro für Alkohol und Glücksspiele).

Einen Tag nach der Vollprivatisierung will die Bahn außerdem sämtliche Züge bis hin zur Regionalbahn für ein Heer von ambulanten Lizenznehmern öffnen, die den Fahrgästen im intensiven Face-to-Face-Verkaufsgespräch nützlichen Reisebedarf von Kaviarbrötchen über Pralinen und Bücher bis hin zu Regenschirmen, Handyverträgen, Hedgefonds und Uhren anbieten. (Bahnintern spricht man vom »mobilen Marktplatz«.)

Zugleich sollen Unternehmen Werbedurchsagen per Lautsprecher buchen können, die, und das ist das Besondere, von erfahrenen Zugführern im Stil bisheriger Durchsagen verlesen werden sollen, etwa so: »Meine Damen und Herren, äh, ich bitte um Ihre Aufmerksamkeit: Das neue, äh, Super-…Wirkstoff-…Öl von Ado…, Adoles…, Ado-les-zen-zzzzz-ia vertreibt, äh, die Falten, kaum ist es auf Ihrer Haut. Das neue, ooh, das Super-Wirkstoff-Öl von Adole…, …les…szenia macht Sie um Jahre jünger. Das neue, blö… – … ähhhh, Super-Wirkstoff-Öl von … (Funkgerätkrächzen) … gibt es jetzt in jeder Parfümerie. Ich danke für Ihre Aufmerksamkeit!«.

Gegen Aufpreis, so schwebt es den Strategen und ihrem externen Berater Ulrich Dotterhauer vor, werden die Werbedurchsagen noch geschickt in die regulären Durchsagen integriert: »Meine Damen und Herren, in Kürze erreichen wir München. Wir entschuldigen uns für die mehrstündige Verspätung. Alle Anschlusszüge sind nicht mehr zu erreichen, aber im Bahnhofsshop bekommen Sie jetzt noch … Ouzo 35. Ouzo 35, der Ouzo, der Sie im Nu nach Griechenland entführt. … Ouzo 35 – der pinkelt, äähhh … prickelt in der Kehle!«

Natürlich werden auch die Firmen, die bereits im Zug unterwegs sind, eine Werbedurchsage buchen können: »Meine Damen und Herren, wegen einer technischen Störung verzögert sich die Fahrt unseres Zuges um unbestimmte Zeit. Wenn Sie wissen wollen, wie lange genau: Zwischen Wagen 256 und Wagen 256 befindet sich ein Uhrenverkaufsstand der Firma Voltrex, an dem Sie ein freundliches Verkaufsteam gerne erwartet.«

Aus Beraterkreisen ist sogar zu hören, dass Unternehmen künftig gegen einen weiteren saftigen Aufpreis sogar den unvorhergesehenen Halt eines Zuges auf freier Strecke kaufen können (bahnintern: »Werbepause«) – wo sich beispielsweise rein zufälligerweise nichts außer einem Verkaufsstand ebenjenes Unternehmens befindet. Dies wird von Chefberater Ulrich Dotterhauer ebenso dementiert, wie ein von ihm mit »doppelgeheim« gekennzeichnetes Papier, in dem er dem Bahnmanagement vorschlägt, zahlungskräftigen Premium-Werbekunden gegen einen wirklich kräftigen Aufschlag sogar die Möglichkeit einzuräumen, einen Zug so lange in der brandenburgischen Pampa fernab jeder menschlichen Ansiedlung und mitten im Funkloch halten zu lassen, bis deren Verkäufer beispielsweise im Zug auch den letzten der 800 avisierten Handyverträge verkauft haben (»100-Prozent-Erfolgsgarantie«).

Fairerweise muss man aber sagen, dass die Bahn Bahnreisenden die Möglichkeit einräumt, gegen Aufpreis einen Platz in besonders gekennzeichneten »Komfortzonen« zu buchen, in denen keine Werbedurchsagen zu hören sind und die auch nur Premium-Werbekunden betreten dürfen (außer natürlich bei denjenigen Reisenden, die gegen einen weiteren hohen Aufpreis die »Premium-Komfortzone« gebucht haben, die absolut kein Werber oder Verkäufer betreten darf). Und selbst für den Fall, dass ein Werbetreibender die »100-Prozent-Erfolgsgarantie« der Bahn bucht, soll es für eine kleine Gruppe von Reisenden, die bereit sind, besonders viel Geld zu investieren, einen Ausweg über eine Dachluke zu einem Helikopter geben (wodurch, hebt Dotterhauer hervor, die betreffenden Premium-Kunden sogar schneller am Ziel sind, als sie ursprünglich dachten – ein weiterer Anreiz für hochrangige Manager, Kunden der Bahn zu werden!).

Epilog

Flüchtige Leser dieses Buches könnten dem Irrtum verfallen, die Autoren stünden der Bahn ungewöhnlich kritisch gegenüber oder hassten sie sogar. Um es einmal deutlich zu sagen: Dieser Vermutung fehlt jegliche Grundlage. Beide Autoren fahren schließlich Zug, wann immer es geht.[1] Und lieben die Bahn aufrichtig und aus vollem Herzen.

Ja, denn im Grunde ist die Deutsche Bahn großartig. Das wird jeder bestätigen können, der jemals eine Überlandfahrt mit der indischen Eisenbahn in der vierten Klasse unternommen und körperlich heil und ohne schwere Infektionskrankheiten nach Deutschland zurückgekehrt ist. Und denken Sie mal: In Eritrea etwa gibt es nicht einmal Züge. Ebensowenig im Ostseebad Ahrenshoop. Sehen Sie!

Daher werden die Autoren auch jederzeit aus freien Stücken und ohne jegliches Wenn und Aber noch einmal betonen: Wir lieben die Bahn! Aufrichtig und aus vollem Herzen!

Haben wir das so richtig geschrieben, Herr DB-Auftragskiller? Sie können diese hässliche Waffe doch jetzt wirklich mal runternehmen. Unter zivilisierten Menschen kann man das doch anders regeln. Mit Geld oder so. Was sagen Sie? Wir fangen schon … Nein, nein, wir haben doch gar nicht …

Liebe Juristen der Deutschen Bahn, wir halten an dieser Stelle erneut fest: Jede Zeile dieses Buches ist nur ausgedacht. Ganz besonders der geschmacklose Scherz mit dem Auftragskiller. Wirklich eine blöde Idee von uns. Die Bahn würde doch niemals …

---

1   Manchmal geht es allerdings nicht, so gern die Autoren auch möchten. Aber jetzt wollen wir mal nicht aus einer Mücke einen Elefanten machen.

Epi-Epilog

Liebe Leserinnen und Leser,
aus nachvollziehbaren Gründen möchten wir keine Angaben dazu machen, wie wir uns aus der vorstehenden Situation befreit und unser Exil im Amazonasbecken erreicht haben. Vielleicht aber haben wir aus Ihrer Sicht im vorliegenden Buch etwas vergessen, das Ihnen im Zu(g)sammenhang mit der Bahn erwähnenswert erscheint?

Oder möchten Sie uns irgendetwas mitteilen, was Ihrer Meinung nach in künftigen Veröffentlichungen erwähnt werden müsste?

Dann schreiben Sie uns unter der E-Mailadresse:

info@senkjuvortraewelling.de

Nur Mut!

Mark Spörrle
Lutz Schumacher